KB046437

사랑의 기술

THE ART OF LOVING

THE ART OF LOVING

사랑의 기술®

에리히 프롬 지음
황문수 옮김

ERICH FROMM

문예출판사

머리말

사랑의 기술에 대한 편리한 지침을 기대하는 사람들은 이 책을 읽고 실망할 것이다. 사랑은 스스로 도달한 성숙도와는 관계없이 누구나 쉽게 탐닉할 수 있는 감상이 아니라는 점을 보여주려는 것이 이 책의 의도이기 때문이다.

이 책은 독자들에게, 가장 능동적으로 자신의 퍼스낼리티 전체를 발달시켜 생산적 방향으로 나아가지 않는 한, 아무리 사랑하려고 노력해도 반드시 실패하기 마련이며, 이웃을 사랑하는 능력이 없는 한, 또한 참된 겸손, 용기, 신념, 훈련이 없는 한, 개인적인 사랑도 성공할 수 없다는 것을 깨우쳐주려고 한다. 위에서 말한 성질들이 희귀한 문화에서는 사랑하는 능력을 획득하기란 매우 어려운 일이 아닐 수 없다. 혹은 그 누구든 참으로 사랑하고 있는 사람들을 몇 명이나 알고 있는지 자기 자신에게 물어볼 수도 있다.

그러나 사랑한다는 것이 어렵다고 해서 이 어려움을 알아보고 사랑에 도달하는 조건들을 알아보는 일조차 삼가서는 안 된다. 불필요한 복잡성을 피하기 위해 나는 이 문제를 되도록이면 비전문적 용어로 다루려고 했다. 같은 이유로 나는 사랑에 대한 문헌도 최소한도로 한정했다.

다른 문제, 곧 이전의 내 저서들에 표현된 사상의 되풀이를 피하는 문제는 아주 만족스럽게 해결되지는 못했다. 특히 나의 《자유로부터의 도피》,《자립적 인간》,《건전한 사회》에 친숙한 독자들은 이 책에서, 앞에 말한 책들에 표현되어 있는 사상을 상당히 발견할 것이다. 그러나 《사랑의 기술》은 결코 단순한 요약이 아니다. 이 책에는 이전에 밝힌 사상을 넘어선 많은 사상이 제시되어 있고, 매우 당연한 일이지만 옛 사상이라 하더라도 사랑의 기술이라는 하나의 주제에 집중함으로써 새로운 시야를 얻게 한다.

에리히 프롬

차례

아무것도 모르는 자는 아무것도 사랑하지 못한다.
아무 일도 할 수 없는 자는 아무것도 이해하지 못한다.
아무것도 이해하지 못하는 자는 무가치하다.
그러나 이해하는 자는 또한 사랑하고 주목하고 파악한다……
한 사물에 대한 고유한 지식이 많으면 많을수록
사랑은 더욱더 위대하다……
모든 열매가 딸기와 동시에 익는다고 상상하는 자는
포도에 대해 아무것도 모른다.

파라켈수스

일러두기

◦ 본문에 나오는 주석 가운데 〔 〕로 표시된 것은 옮긴이 주입니다.

1

사랑은 기술인가?

사랑은 기술인가? 기술이라면 사랑에는 지식과 노력이 요구된다. 혹은 사랑은 우연한 기회에 경험하게 되는, 다시 말하면 행운만 있으면 누구나 '겪게 되는' 즐거운 감정인가? 이 작은 책은 '사랑은 기술이다'라는 견해를 전제로 하고 있지만, 대부분의 현대인들은 물론 사랑은 즐거운 감정이라고 믿고 있다.

그렇다고 해서 현대인이 사랑을 중요하게 여기지 않는다는 뜻은 아니다. 현대인들은 사랑을 갈망하고, 행복한 사랑의 이야기, 불행한 사랑의 이야기를 펼쳐놓는 무수한 영화를 보며, 사랑을 노래한 시시한 수백 가지 노래에 귀를 기울인다. 그러나 사랑에 대해서 배워야 할 것이 있다고 생각하는 사람은 거의 없다.

이 특별한 태도는 몇 가지 전제에 기초를 두고 있으며, 이 전제는 단독으로 또는 결합되어서 이 태도를 뒷받침해준다. 우선 대부분의 사람들은 사랑의 문제를 '사랑하는', 곧 사랑할 줄 아는 능력의 문제가 아니라 오히려 '사랑받는' 문제로 생각한다. 그들에게 사랑의 문제는 어떻게 하면 사랑받을 수 있는가, 어떻게 하면 사랑스러워지는가 하는 문제이다. 그들이 이 목적을 추구하는 몇 가지 방법이 있다. 남자들이 특히 애용하는 방법은 성공해서 자신의 지위의 사회적 한계가 허용하는 한 권력을 장악하고 돈을 모으는 것이다. 그리고 특히 여성이 애용하는 또 한 가지 방법은 몸을 가꾸고 치장을 하는 등 매력을 갖추는 것이다.

남녀가 공용하는 또 한 가지 매력 전술은 유쾌한 태도와 흥미 있는 대화술을 익히고 유능하고 겸손하고 둥글둥글하게 처신하는 것이다. 사랑스러워지는 여러 가지 방법은 성공하기 위해, 곧 '벗을 얻고 사람들에게 영향력을 갖기 위해' 우리가 사용하는 방법과 같다. 사실상, 우리 문화권 대부분의 사람들이 사랑스럽다고 말하는 경우, 그 의미는 본질적으로는 인기와 성적性的 매력이 뒤섞여 있다는 것이다.

사랑에 대해서 배울 필요가 없다는 태도의 배경이 되는 두 번째 전제는 사랑의 문제는 '능력'의 문제가 아니라 '대상'의 문제라는 가정假定이다. '사랑한다'는 것은 쉬운 일이고, 사랑할 또는 사랑받을 올바른 대상을 발견하기가 어려울 뿐이라고 사람들은 생각한다. 이 태도에는 근대 사회의 발전에 바탕을 둔 몇 가지 이유가 있다. 한 가지 이유는 '사랑의 대상'을 선택하는 데 있어서 20세기에 일어난 커다란 변화이다.

빅토리아 시대에는 많은 전통적 국가의 경우처럼 대체로 사랑은 다음에는 결혼으로 이어지게 될, 자발적이며 개인적인 경험은 아니었다. 반대로 결혼은 관습에 의해―쌍방의 가족에 의해, 또는 중매인에 의해, 또는 중매인 같은 중개자의 도움 없이―계약되었다. 결혼은 사회적 고려를 기반으로 결정되었고, 사랑은 일단 결혼이 성립한 다음에 전개되는 것으로 생각되었다. 낭만적 사랑이라는 개념이 서양에서 거의 보편화된 것은 최근 몇 세기 동안의 일이었다. 미국에서는 관습적 성격을 가진 고려가 완전히 없어지지는 않았지만, 대부분의 사람들은 '낭만적 사랑', 곧 다음에는 결혼으로 이어지게 될 사랑의 개인적 경험을 추구하고 있다. 사랑에 있어서의 이와 같은 새로운 자유 개념은 '능력'의 중요성과 대립되는 것으로서 대상의 중요성을 몹시 과장하지 않을 수 없었다.

현대 문화의 또 하나의 특징적 성격은 이러한 요소와 밀접히 관련되어 있다. 우리의 모든 문화는 구매욕에, 또한 상호 간 유리한 거래라는 관념에 기초를 두고 있다. 상점의 진열장을 들여다보며 느끼는 스릴과 살 수 있는 것이면 무엇이든지 현금 또는 할부로 사는 맛, 이것이 현대인의 행복이다. 그는(또는 그녀는) 사람들도 같은 방식으로 본다. 남자에게 매력 있는 여자 그리고 여자에게는 매력 있는 남자는 탐나는 경품이다. '매력'은 보통 인기 있고 퍼스낼리티Personality 시장에서 잘 팔리는 품질 좋고 멋진 포장을 의미한다.

사람들을 특히 매력 있게 하는 것은 육체적으로나 정신적으로나 그 시대의 유행에 달려 있다. 1920년대에는 술을 마시고 담배를 피우는, 튼튼하고 성적 매력이 있는 소녀가 매력적이었다. 오늘날의 유행은 오히려 가정적이고 얌전하기를 요구한다. 19세기 말과 20세기 초에는 매력적인 '포장'이 되려면 남자는 공격적이고 야심적이어야 했으나 오늘날에는 사교적이고 관대해야 한다. 어쨌든 사랑하게 되었다는 느낌은 보통 자신의 교환 가능성 범위에 있는 인간 상품에 대해서만 나타난다.

내가 거래를 하러 나갔다고 하자. 상대는 사회적 가치라는 관점에서 보아 바람직해야 하며, 동시에 상대자도 나의 명백한 또는 숨겨진 재산과 능력을 고려한 다음 나를 바람직하다고 생각해야 한다. 이와 같이 자기 자신의 교환 가치의 한계를 고려하면서 서로 시장에서 살 수 있는 최상의 대상을 찾아냈다고 느낄 때에만 두 사람은 사랑에 빠질 수 있다. 부동산을 사는 경우, 앞으로는 개발될지 모르지만 현재는 숨겨져 있는 가능성이 대체로 거래에서 중요한 역할을 한다. 시장 지향적이고 물질적 성공이 현저한 가치를 지니는 문화권에서 인간의 애정 관계가 상품 및 노동시장을 지배하는 교환 형식과 동일하다고 해서 놀랄 이유는 전혀 없다.

사랑에 대해서는 배울 필요가 없다는 가정에 이르게 하는 세 번째 오류는 사랑을 '하게 되는' 최초의 경험과 사랑하고 '있는' 지속적 상태, 혹은 좀 더 분명하게 말한다면 사랑에 '머물러' 있는 상태를 혼동하는 것이다. 우리 모두와 마찬가지로 남남으로 지내오던 두 사람이 갑자기 그들 사이의 벽을 허물어버리고 밀접하게 느끼며 일체—體라고 느낄 때, 이러한 합일의 순간은 인생에서 가장 유쾌하고 격앙된 경험 가운데 하나다. 특히 폐쇄적이고 동떨어져 있어서 사랑을 모르고 지내던 사람의 경우라면 특히 놀랍고 기적적인 경험이다. 갑자기 친밀해지는, 이 기적은 성적 매력과 성적 결합에 의해 시작되는 경우, 대체로 더욱 촉진된다.

그러나 이러한 형태의 사랑은 본질적으로 오래 지속될 수 없다. 두 사람이 친숙해질수록 친밀감과 기적적인 면은 점점 줄어들다가 마침내 적대감, 실망감, 권태가 생겨나며 최초의 흥분의 잔재마저도 찾아보기 어렵게 된다. 그러나 처음에 그들은 이러한 일을 알지 못한다. 사실상 그들은 강렬한 열중, 곧 서로 '미쳐버리는' 것을 열정적인 사랑의 증거로 생각하지만, 이것은 기껏해야 그들이 서로 만나기 전에 얼마나 외로웠는가를 입증할 뿐이다.

이러한 태도, 즉 사랑보다 쉬운 일은 없다는 태도는 반대의 경우에 대한 압도적 증거에도 아랑곳없이 사랑에 대한 일반적 관넘으로서 지속되고 있다. 사랑처럼 엄청난 희망과 기대 속에서 시작되었다가 반드시 실패로 끝나고 마는 활동이나 사업은 찾아보기 어려울 것이다. 만일 이것이 다른 활동의 경우라면 사람들은 열심히 실패의 원인을 가려내려 하고 개선법을 찾아내려고 할 것이다. 그렇지 않으면 그들은 이 활동을 포기할 것이다. 사랑의 경우, 포기는 불가능하므로, 사랑의 실패를 극복하는 적절한 방법은 오직 하나뿐인 것 같다. 곧 실패의 원인을 가려내고 사랑의 의미를 배우기 시작하는 것이다.

최초의 조치는 삶이 기술인 것과 마찬가지로 '사랑도 기술'이라는 것을 깨닫는 것이다. 어떻게 사랑해야 하는가를 배우고 싶다면 우리는 다른 기술, 예컨대 음악이나 그림이나 건축, 또는 의학이나 공학 기술을 배우려고 할 때 거치는 것과 동일한 과정을 거치지 않으면 안 된다.

어떤 기술을 배울 때 반드시 거쳐야 하는 단계는 무엇인가?

편의상 기술 습득 과정을 둘로 나눌 수 있다. 첫째는 이론의 습득, 둘째는 실천의 습득이다. 만일 내가 의학 기술을 배우고자 한다면 나는 먼저 인간의 신체와 여러 가지 질병에 대한 사실들을 알아야 한다. 내가 이러한 이론적 지식을 모두 배웠다 하더라도 나는 아직은 의학 기술에 숙달되지는 못했다. 상당한 실무를 거친 다음에야 비로소 의학 기술에 숙달되고 마침내 이론적 지식의 결과와 실천의 기술이 합치될 것이다. 곧 나의 직관이 모든 기술 숙달의 본질이 될 것이다.

그러나 이론과 실천의 습득 외에도 어떤 기술을 숙달하는 데 필수인 세 번째 요인이 있다. 곧 기술 숙달이 궁극적인 관심사가 되어야 한다는 것이다. 이 말은 음악에도, 의학에도 건축에도, 그리고 사랑에도 해당된다. 우리 문화권의 사람들은 사랑의 경우 명백히 실패하고 있으면서도 왜 사랑의 기술은 도무지 배우려고 하지 않는가? 이러한 물음에 대한 답도 아마 여기서 찾아볼 수 있을 것이다. 사랑을 뿌리 깊이 갈망하면서도 사랑 이외의 거의 모든 일, 곧 성공·위신·돈·권력이 사랑보다도 더 중요한 것으로 생각되고 있다. 우리의 거의 모든 정력이 이러한 목적에 사용되고 거의 모든 사람이 사랑의 기술은 배우려 들지 않는다.

돈을 벌거나 특권을 얻는 데 필요한 것만이 배울 만한 가치가 있는 거라면, 오직 '영혼'에 유익할 뿐 현대적 의미에서는 아무런 이익도 없는 사랑은 우리가 대부분의 정력을 기울일 필요가 없는 사치에 지나지 않을까? 어쨌든 앞으로는 사랑의 기술을 앞의 구분에 따라 다루기로 한다. 우선, 나는 사랑의 이론을 검토하겠으며 이러한 검토는 이 책 대부분을 차지할 것이다. 그다음에 나는 사랑의 실천을 검토할 것이다. 다른 분야와 마찬가지로 이 책에서도 실천에 대해서는 '할 말'이 별로 없긴 하지만.

2

사랑의 이론

1

사랑, 인간의
실존 문제에 대한 해답

.

    사랑에 대한 어떠한 이론이든 인간론으로부터, 곧 인간 실존론으로부터 시작되어야 한다. 우리는 사랑, 또는 사랑과 비슷한 것을 동물에게서도 발견하지만, 동물의 애착은 동물의 본능적 기구의 일부에 지나지 않는다. 그러나 인간의 경우엔 다만 이러한 본능적 기구의 잔재가 작용하고 있음을 볼 수 있을 뿐이다. 인간의 실존에 있어서 본질적인 것은 인간이 동물계로부터, 곧 본능적 적응의 세계로부터 벗어났고 자연을 초월해 있다는—비록 인간이 자연을 결코 버리지는 못하지만—사실이다. 인간은 자연의 일부이다.

    그러나 한번 자연과 결별하면 인간은 자연으로 되돌아가지는 못한다. 일단 낙원—자연과의 본래의 합일 상태—에서 쫓겨나면, 다시 돌아가려고 노력해도, 불타는 칼을 가진 케루빔 천사〔아홉 천사 중 둘째로서 지식을 맡은 천사〕가 길을 가로막는다. 인간은 철저하게 상실한 전前인간적 조화 대신에, 이성을 발달시키고 새로운 조화, 곧 인간적 조화를 찾아내면서 오직 앞으로 나아갈 수 있을 뿐이다.

인간은 태어나자마자 개인으로서든 인류로서든 결정되어 있는, 본능처럼 결정되어 있는 상황으로부터 비결정적이고 불확실하며 개방적인 상황으로 쫓겨난다. 확실한 것은 과거뿐이고 미래에 확실한 것은 오직 죽음뿐이다.

인간에게는 이성이 부여되었다. 인간은 '자기 자신을 아는 생명'이다. 인간은 자기 자신을, 동포를, 자신의 과거를, 자신의 미래의 가능성을 알고 있다. 분리되어 있는 실재로서의 자기 자신에 대한 인식, 자신의 생명이 덧없이 짧으며, 원하지 않았는데도 태어났고 원하지 않아도 죽게 되며, 자신이 사랑하던 사람들보다 먼저 또는 그들이 자신보다 먼저 죽게 되리라는 사실의 인식, 자신의 고독과 분리에 대한 인식, 자연 및 사회의 힘 앞에서 자신의 무력함에 대한 인식, 이러한 모든 인식은 분리되어 흩어져 있는 인간의 실존을 견딜 수 없는 감옥으로 만든다. 인간은 이 감옥으로부터 풀려나서 밖으로 나가 어떤 형태로든 다른 사람들과, 또한 외부 세계와 결합하지 않는 한 미쳐버릴 것이다.

분리 경험은 불안을 일으킨다. 분리는 정녕 모든 불안의 원천이다. 분리되어 있다는 것은 내가 인간적 힘을 사용할 능력을 상실한 채 단절되어 있다는 뜻이다. 그러므로 분리되어 있는 것은 무력하다는 것, 세계—사물과 사람들—를 적극적으로 파악하지 못한다는 것을 의미한다. 분리되어 있다는 것은 나의 반응 능력 이상으로 세계가 나를 침범할 수 있다는 것을 의미한다. 따라서 분리는 격렬한 불안의 원천이다. 게다가 분리는 수치심과 죄책감을 일으킨다. 분리 상태에서 느끼는 죄책감과 수치심 경험은 성서에 아담과 이브 이야기로 표현되어 있다.

아담과 이브는 '선과 악을 알게 하는 지혜의 열매'를 먹은 다음에, 그들이 복종하지 않게 된 다음에(불복종의 자유가 없으면 선악도 없다), 자연과의 본래의 동물적 조화로부터 벗어나 인간이 된 다음에, 다시 말하면 인간 존재로서 탄생한 다음에, '발가벗고 있다'는 사실을 알고 부끄러워하게 되었다. 이와 같이 오래된 단순한 신화에도 19세기적인 관점인 고상한 척하는 윤리가 있는데, 이 이야기의 핵심을 우리는 성기性器가 보임으로써 느끼게 된 곤혹에 있다고 생각해야 할 것인가? 결코 그렇지 않을 것이며, 이 이야기를 빅토리아 시대의 정신으로 이해한다면 우리는 다음과 같은 중요한 점을 간과하게 될 것이다. 곧 남자와 여자가 자기 자신과 서로를 알게 된 다음, 그들은 분리되어 있고, 그들이 서로 다른 성性에 속하는 것처럼 서로 차이가 있다는 것을 알게 된다. 그들은 서로 분리되어 있다는 것을 인정하면서도 아직 서로 사랑하는 것을 배우지 못했기 때문에 남남으로 남아 있다 (이것은 아담이 이브를 감싸기보다는 오히려 비난함으로써 자신을 지키려고 한 사실에서도 매우 명백하게 드러난다). 인간이 분리된 채 사랑에 의해 다시 결합되지 못하고 있다는 사실의 인식, 이것이 수치심의 원천이다. 동시에 이것은 죄책감과 불안의 원천이다.

그러므로 인간의 가장 절실한 욕구는 이러한 분리 상태를 극복해서 고독이라는 감옥을 떠나려는 욕구이다. 이 목적의 실현에 '절대적으로' 실패할 때 광기가 생긴다. 우리는 외부 세계로부터 철저하게 물러남으로써 분리감이 사라질 때에 완전한 고립의 공포를 극복할 수 있기 때문이다. 이때는 인간이 분리되어 있던 외부 세계도 사라져버린다.

인간—모든 시대, 모든 문화의—은 동일한 문제, 곧 어떻게 분리 상태를 극복하는가, 어떻게 결합하는가, 어떻게 자신의 개체적 생명을 초월해서 합일을 찾아내는가 하는 문제에 직면하고 있다. 동굴 속에 사는 원시인에게도, 양 떼를 돌보는 유목민에게도, 이집트의 농부에게도, 페니키아의 상인에게도, 로마의 병사에게도, 중세의 수도사에게도, 일본의 사무라이에게도, 현대의 사무원이나 직공에게도 동일한 문제가 있다. 문제는 동일하다. 이 문제는 동일한 근원, 곧 인간의 상황, 인간의 실존 조건으로부터 발생하기 때문이다.

그러나 대답은 여러 가지이다. 이 문제는 동물 숭배, 인간의 희생 또는 군사적 정복, 사치에 탐닉함, 금욕적인 단념, 강제 노동, 예술적 창조, 신의 사랑, 인간의 사랑 등의 대답을 불러올 수 있다.

많은 대답—이 대답의 기록이 인간의 역사다—이 있지만 무수하지는 않다. 반대로, 중심이 아니라 오히려 주변부에 있는 보잘것없는 차이를 무시한다면 제시된 대답의 수는 매우 한정되어 있고, 또한 이러한 대답은 여러 가지 문화권에서 살고 있는 인간에 의해서만 제시될 수 있다는 것을 우리는 발견한다. 종교와 철학의 역사는 이러한 대답의 역사이고, 이러한 대답이 한정되는 동시에 다양화되는 역사이다.

이러한 대답은 어느 정도는 개인이 도달한 개성화의 정도에 달려 있다. 유아의 경우, '나라고 하는 것I-ness'은 발달되기는 했지만 아직은 보잘것없다. 유아는 여전히 어머니와 일체감을 느끼고 어머니가 있는 한 분리감을 느끼지 않는다. 유아의 고독감은 어머니의 육체적 현존, 곧 어머니의 가슴과 어머니의 피부를 통해 달랠 수 있다. 분리와 개성의 감각이 발달하면 이때는 어머니의 육체적 현존만으로는 이미 충분하지 못하고, 다른 방식으로 분리 상태를 극복하려는 욕구가 생긴다.

마찬가지로, 인류 역시 유아기에는 자연과 일체감을 느꼈다. 토양, 동물, 식물은 아직도 인간의 세계이다. 인간은 동물과 자신을 동일시하며 이것은 동물 가면을 쓴다든가, 토템totem으로 삼은 동물 또는 동물신을 숭배한다든가 하는 일로 표현된다.

그러나 이러한 원초적 결합에서 벗어나면 벗어날수록, 인류는 자연의 세계에서 더욱더 분리되고, 분리 상태에서 벗어나는 새로운 방법을 찾아내려는 욕구도 더욱더 강렬해진다.

온갖 종류의 '진탕 마시고 떠드는 상태'는 이러한 목적을 달성하는 한 가지 방법이다. 이러한 상태는 때로는 마약의 도움을 받기도 하지만 자동적으로 유발된 황홀경의 형태를 취할 수도 있다. 원시 민족의 여러 가지 의식은 이러한 유형의 해결을 생생하게 보여준다. 잠시 동안의 광희狂喜 상태에서는 외부 세계가 사라지고 동시에 외부 세계와의 분리감도 사라진다. 이러한 의식은 공동으로 거행되므로 집단과의 융합을 경험하게 되고, 이 경험이 이러한 해결을 더욱 효과적인 것으로 만든다. 이러한 도취적 해결에는 성적 경험이 밀접히 관련되거나 혼합된다.

성적 오르가슴은 황홀경에 의해 발생하는 상태 또는 마약의 효과와 비슷한 상태를 가져올 수 있다. 공동체의 성적 난행 의식은 여러 원시 의식의 일부였다. 도취 경험을 한 사람들은 얼마 동안은 분리감 때문에 몹시 괴로워하지 않아도 되는 것 같다. 천천히 불안으로 인한 긴장이 고조되었다가 의식을 되풀이해 거행함으로써 다시금 감소된다.

이러한 도취 상태가 부족 내의 공통된 관습으로 행해지는 한, 불안감이나 죄책감은 생기지 않는다. 이와 같은 방식으로 행동하는 것이 올바른 것으로, 심지어 미덕으로 여겨지기까지 한다.

이것은 모든 사람이 참여하는 방법이고 무당이나 사제에 의해 인정되고 요구되는 방법이기 때문이다. 그러므로 죄책감이나 수치심을 느껴야 할 까닭이 없다. 그러나 이 같은 동일한 해결책을 이러한 공동 관습을 과거의 것으로 만들어버린 문화권에서 사는 개인이 선택할 때 문제는 완전히 달라진다.

비도취적 문화권에 살고 있는 개인이 선택하는 형태는 알코올 중독, 마약 중독이다. 사회적으로 정형화된 해결에 참여하는 사람들과는 대조적으로, 이러한 사람들은 죄책감과 후회로 괴로워한다. 알코올이나 마약에 피난함으로써 분리 상태에서 벗어나려고 하지만 도취 상태가 지나가버리고 나면 그들은 더욱 심한 분리감을 느끼며, 더욱 자주, 더욱 강렬하게 알코올이나 마약에 의존하게 된다.

성적 도취를 해결책으로 삼는 경우는 이와는 약간 다르다. 성적 도취는 어느 정도 분리감을 극복하는 자연스럽고 정상적인 형태이며 고립 문제에 대한 부분적 해답이 된다. 그러나 다른 방법으로 분리 상태를 해결하지 못하는 많은 개인의 경우, 성적 오르가슴 추구는 알코올 중독이나 마약 중독과 별로 다를 바 없는 기능을 떠맡게 된다. 이것은 분리에 의해 생긴 불안에서 벗어나려는 절망적 노력이며, 결과적으로는 분리감을 더욱 증대한다. 사랑이 없는 성행위는, 한순간을 제외하고는, 두 인간 사이의 간격을 좁혀주지 못하기 때문이다.

도취적 합일의 모든 형태에는 세 가지 특징이 있다. 첫째는 강렬하고 심지어 난폭하다는 것, 둘째는 퍼스낼리티 전체에, 몸과 마음에 일어난다는 것, 셋째는 일시적이고 주기적이라는 것이다. 이와는 정반대되는 것이 과거나 현재에 있어서 사람들이 가장 자주 해결책으로 채택하고 있는 합일의 형태, 곧 집단—그 관습, 관례, 신앙—과의 일치에 바탕을 둔 합일이다. 여기서 우리는 상당한 발전을 볼 수 있다.

원시 사회의 집단은 소규모였으며 피와 땀을 나누어 가진 사람들로 구성되어 있었다. 문화가 점점 발달함에 따라 집단은 확대되었다. 집단은 점차 '도시국가polis'의 시민, 큰 나라의 시민, 교회의 구성원으로 이루어지게 되었으며, 가난한 로마인조차도 '나는 로마인'이라고 말할 수 있었기 때문에 긍지를 느꼈다.

로마와 그 제국은 한 인간의 가족이자 가정이자 세계였다. 또한 현대 서양 사회에서도 집단과의 합일은 분리 상태를 극복하는 일반적인 방법이다. 이것은 개인의 자아 대부분이 사라지고 그 목적이 군중에 소속되어 있는 합일이다. 만일 내가 남들과 같고, 나 자신을 유별나게 하는 사상이나 감정을 갖고 있지 않으며, 나의 관습이나 옷이나 생각을 집단의 유형에 일치시킨다면 나는 구제된다. 고독이라는 가공할 경험으로부터 구제되는 것이다. 독재체제는 이러한 일치로 이끌어가려고 위협과 공포를 이용하고, 민주 국가는 암시와 선전을 이용한다. 물론 두 체제에는 매우 큰 차이가 있다. 민주주의에서는 불일치가 가능하며 사실상 불일치가 전혀 없을 때란 없다.

전체주의 체제에서는 소수의 비범한 영웅이나 순교자만이 복종을 거절할 수 있다. 그러나 이러한 차이가 있는데도 민주 사회 또한 압도적인 일치를 보여줄 때가 많다. 그 이유는 합일의 추구에 대해서는 응답이 있어야 하는데, 다른 방법이나 더 좋은 방법이 없을 때는 군중과 일치하는 합일이 유력한 합일이 되기 때문이다. 분리되지 않으려는 욕구가 얼마나 절실한가를 이해한다면, 남과 다르다는 데서 느끼는 공포, 군중과 약간 떨어져 있다는 데서 느끼는 공포가 얼마나 강력한지를 이해할 수 있다. 때로는 이러한 불일치에 대한 공포는 일치하려고 하지 않는 자를 위협하는 실제적 위험에 대한 공포로서 합리화되기도 한다. 그러나 실제로는, 적어도 서양 민주주의에서는, 사람들은 일치하도록 '강요받는' 정도 이상으로 일치하기를 '바라고 있다'.

대부분의 사람은 일치하고 싶어하는 자신의 욕구조차도 알지 못한다. 그들은 자신의 생각과 기호에 따르고 있으며, 자신은 개인주의자이고 스스로의 사고의 결과로 현재의 견해에 도달했으며, 자신의 의견이 사람들 대부분의 의견과 같은 것은 우연에 지나지 않는다는 환상 속에서 살고 있다.

만인과의 의견 일치는 '자신의' 견해의 정당성을 입증하는 것이다. 아직은 어느 정도 개성을 느끼고 싶다는 욕구가 남아 있어서 이러한 욕구는 사소한 차이에 의해 만족된다. 곧 핸드백이나 스웨터에 새겨놓은 머리글자, 은행 출납계원의 명찰, 공화당에 반대하고 민주당에 가입하는 것 등은 개인적 차이의 표현이 된다. 사실상 아무런 차이도 없는 경우에 '이것은 다르다'는 슬로건을 떠들어대는 것은 차이를 추구하는 애처로운 욕구를 드러내는 것이다.

차이를 제거하려는 경향이 이와 같이 강화되는 것은 가장 발달한 산업 사회에서 전개되고 있는 평등의 개념 및 경험과 밀접한 관련이 있다. 평등은 종교적 맥락에서는 우리 모두 하느님의 자식이며, 우리 모두 인간으로서 똑같은 신성한 천품을 갖고 있고, 우리 모두 일체라는 뜻을 갖고 있다. 또한 평등은 개인 간의 차이를 존중해야 하며, 우리 모두 일체임이 사실이더라도 우리는 각기 독특한 실재이고 각기 하나의 조화로운 우주라는 것도 사실임을 의미한다.

개인의 독자성에 대한 이러한 확신은 예컨대 탈무드(유대인의 율법과 그 해석)에도 표현되어 있다. 곧 "한 생명을 구한 자는 전 세계를 구한 것과 같고, 한 생명을 파괴하는 자는 전 세계를 파괴하는 것과 같다." 개성 발달의 조건으로서의 평등은 또한 서양 계몽주의 철학의 평등 개념이 의미하는 것이기도 했다. 평등은(칸트에 의해 가장 명백하게 표현되었거니와) 인간이 타인의 목적을 위한 수단이 되어서는 안 된다는 것을 의미했다. 다시 말하면

만인은 각기 목적이고, 목적인 한에서만 동등하며, 서로 수단이 되는 일은 결코 없다. 계몽주의 사상에 따라, 여러 학파의 사회주의적 사상가들은 평등을 착취의 폐지, 인간에 의한 인간의 이용—이러한 이용이 잔인하든 '인간적이든' 관계없이—의 폐지로 정의했다.

현대 자본주의 사회에서 평등의 의미는 달라졌다. 이 사회에서 평등이라는 말은 자동 인형의 평등, 개성을 상실한 인간들의 평등을 말한다. 오늘날 평등은 일체성보다는 오히려 동일성을 의미한다. 평등은 추상적 동일성, 곧 같은 일터에서 일하고 같은 오락을 갖고, 같은 신문을 읽고, 같은 감정과 같은 생각을 가진 사람들의 동일성을 의미한다. 이러한 관점에서 우리는 보통 진보의 조짐으로 찬양되고 있는 성과들—예컨대 남녀 동등권—에 대해 어느 정도 회의적 태도를 갖지 않으면 안 된다. 물론 나는 남녀 동등권을 반대하지는 않는다.

그러나 평등을 추구하는 이러한 경향에 긍정적 측면이 있다고 해서 기만당하는 일이 있어서는 안 된다. 이것은 차이를 제거하려는 경향의 일부이다. 남녀 평등은 바로 이러한 대가를 치르고 산 것이다. 다시 말하면 여자는 이제 다른 점이 하나도 없기 때문에 남자와 평등한 것이다. '정신에는 성性이 없다'는 계몽주의 철학의 명제는 일반적 관습이 되었다. 성의 양극성兩極性은 사라지고 동시에 이러한 양극성에 바탕을 둔 성애erotic love도 사라졌다. 남자와 여자는 대립적인 극으로서 평등한 것이 아니라 '동일하게' 되었다. 현대 사회는 이러한 비개성화된 평등이라는 이상을 설교하고 있다.

현대 사회는 인간에게 대집단 속에서 마찰 없이 원활하게 일하도록 서로 동일한 원자적原子的 인간이 되기를 요구하고 있기 때문이다. 즉 모두 동일한 명령에 복종하면서도 각기 자신의 욕망에 따르고 있다는 확신을 갖게 하는 것이다. 현대의 대량 생산이 상품의 규격화를 요구하는 것처럼, 사회적 과정은 인간의 표준화를 요구하고 이러한 표준화를 '평등'이라고 한다.

일치에 의한 합일은 강렬하지도 않고 난폭하지도 않다. 이러한 합일은 냉정하고 관례에 따라 지시되며, 바로 이러한 이유 때문에 때로는 분리 상태에서 생기는 불안을 진정시키기에 불충분하다. 현대 서양 사회의 알코올 중독, 마약 중독, 강박적인 성애 중시, 자살 등의 사례는 군중과의 일치에 상대적으로 실패했다는 것을 보여주는 징후다. 게다가 일치에 의한 합일은 주로 정신에만 관계되고 육체에는 관계되지 않으며, 이러한 이유 때문에 도취적 해결책과 비교하면 결함이 있다. 군중과의 일치에는 단 한 가지 이점이 있을 뿐이다. 곧 이것은 발작적이지 않고 지속적이다. 개인은 서너 살 때 일치의 유형으로 유도되고 따라서 군중과의 접촉이 끊이지 않는다. 개인의 장례식조차도—개인은 그의 마지막 사회적 대사건으로서 장례식을 기대하고 있다—이러한 유형과 엄밀하게 일치되어 있다.

분리 상태에서 생기는 불안을 해소하는 방법으로서의 일치와 함께 현대 생활의 다른 요인, 곧 일상적인 노동과 일상적인 오락의 역할을 생각해보아야 한다. 인간은 '평균화'되고 노동력 또는 사무원이나 관리자의 관료적 힘의 일부가 된다. 그는 주도권을 갖지 못하고 그가 하는 일은 이 일을 관리하는 조직에 의해 지시된다. 계급의 높고 낮음에는 아무런 차이도 없다. 그들은 모두 조직의 전체적 구조에 의해 지시된 일을 지시된 속도로 지시된 방식에 따라 수행하고 있다. 심지어 감정조차도 지시받고 있다. 쾌활함, 믿음직함, 모든 사람과 마찰 없이 지내는 능력까지도.

오락도 그리 격렬한 방법은 아니더라도, 역시 상투적인 것이 된다. 책은 독서 클럽에 의해 선택되고, 영화는 필름이나 극장 소유자에 의해 선택되고, 광고 슬로건도 그들에게 지불을 받는다. 휴식 역시 일정하다. 곧 일요일의 드라이브, 텔레비전 연속물, 카드놀이, 사교 파티 등이다. 태어나서 죽을 때까지, 월요일부터 다음 월요일까지, 아침부터 밤까지 모든 활동은 일정하고 기성품화되어 있다. 이러한 상투적 생활의 그물에 걸린 인간이 어떻게 자신은 인간이고, 특이한 개인이며, 희망과 절망, 슬픔과 두려움, 사랑에 대한 갈망, 무無와 분리에 대한 두려움을 갖고 단 한 번 살아갈 기회를 갖게 된 자임을 잊지 않을 것인가?

합일을 이루는 세 번째 방법은 '창조적 활동'—예술가의 창조적 활동이든, 직공의 창조적 활동이든—이다. 어떤 종류의 창조적 작업이든 창조하는 자는 외부 세계를 나타내는 자료와 결합한다. 목공이 책상을 만들든, 금세공인이 보석 조각에 가공을 하든, 농부가 곡식을 기르든, 화가가 그림을 그리든, 모든 형태의 창조적 작업에서 일하는 자와 그 대상은 하나가 되고 인간은 창조 과정에서 세계와 결합한다.

그러나 이것은 생산적인 일, 곧 '내'가 계획하고 만들어내고 내 작업의 결과를 볼 수 있는 일에만 해당된다. 현대 사무원의 노동 과정에서, 노동자는 끝없는 벨트 위에 놓여 있고 노동의 결합적 성질은 거의 남아 있지 않다. 노동자는 기계 또는 관료 조직의 부속물이 된다. 그는 이미 그 자신이 아니며 따라서 일치를 넘어선 합일은 발생하지 않는다.

생산적 작업에서 이루어지는 합일은 대인간적對人間的인 것이 아니다. 도취적 융합에서 이루어지는 합일은 일시적이다. 일치에 의해 달성된 합일은 사이비 합일에 지나지 않는다. 그러므로 이러한 합일은 실존의 문제에 대한 부분적 해답에 지나지 않는다. 완전한 해답은 대인간적 결합, 다른 사람과의 융합의 달성, 곧 '사랑'에서 찾아볼 수 있다.

대인간적 융합에 대한 욕망은 인간의 가장 강력한 갈망이다. 그것은 가장 기본적인 열정이고 인류를, 집단을, 가족을, 사회를 결합하는 힘이다. 이 욕구를 만족시키지 못하면 발광 또는 파괴―자기 파괴 또는 타인 파괴―가 일어난다. 사랑이 없으면 인간성은 하루도 존재하지 못한다.

그러나 우리가 대인간적 합일의 달성을 '사랑'이라고 부른다면, 우리는 심각한 난관에 부딪힌다. 융합은 여러 가지 방식으로 이루어질 수 있고, 이 방식의 차이점은 사랑의 여러 가지 형태의 공통점과 마찬가지로 중요하다. 이러한 모든 것을 사랑이라고 불러야 할까? 아니면 특수한 종류의 합일, 곧 서양과 동양의, 지나간 4천 년 동안의 역사에 나타난 모든 위대한 인본주의적 종교 및 철학 체계의 이상적 덕德이었던 합일을 위해 '사랑'이라는 말을 아껴두어야 할까?

어의상의 온갖 난점 때문에 해답은 자의적일 수밖에 없다. 중요한 것은 우리가 사랑에 대해 말할 때 어떤 종류의 합일에 대해 말하는지 알고 있는가 하는 것이다. 실존의 문제에 대한 신중한 해답으로서 사랑을 말하고 있는가, 또는 '공서적共棲的 합일'이라고 부를 수 있는 사랑의 미숙한 형태에 대해 말하고 있는가? 앞으로 나는 전자의 의미로만 사랑이라는 말을 쓰겠다. 그러나 후자의 경우의 '사랑'을 먼저 검토하기로 한다.

'공서적 합일'은 임신한 어머니와 태아의 관계에서 그 생물학적 유형을 볼 수 있다. 어머니와 태아는 둘이면서 하나다. 그들은 '함께' 살고 서로를 필요로 한다. 태아는 어머니의 일부이고 어머니에게서 필요한 모든 것을 받는다. 어머니는 말하자면 태아의 세계이다. 어머니는 태아를 먹이고 보호하지만 어머니 자신의 생명도 태아 때문에 강화된다. '정신적'인 공서적 합일에서는 두 신체는 독립적이지만 심리적으로는 동일한 애착이 존재한다.

공서적 합일의 '수동적' 형태는 복종, 또는 임상적 용어를 사용한다면 피학대 음란증(마조히즘masochism)이다. 피학대 음란증적 인간은 자신을 지휘하고 인도하고 보호하는 사람, 말하자면 자신의 생명이고 산소인 다른 사람의 일부가 됨으로써 견디기 어려운 고립감과 분리감에서 도피한다. 인간이 복종하고 있는 자의 힘은, 그것이 인간이든 신이든 팽창한다. 그는 모든 것이고 내가 그의 일부가 아닌 한, 나는 아무것도 아니다. 한 부분으로서 나는 위대성, 힘, 확실성의 일부이다. 피학대 음란증적 인간은 결정을 내릴 필요가 없고 모험을 할 필요가 없다. 그는 결코 외롭지 않을 것이다. 그러나 그는 독립하지는 못한다. 그는 통합성을 갖지 못한다. 그는 아직도 완전히 탄생하지 못한 자다.

종교적 맥락에서 예배의 대상은 우상으로 불린다. 피학대 음란증적 사랑의 관계라는 세속적 맥락에서도 본질적 메커니즘, 곧 우상 숭배의 메커니즘은 동일하다. 피학대 음란증적 관계에는 신체적·성적 욕망이 혼합될 수도 있다. 이 경우 복종은 정신과 관련되는 복종일 뿐 아니라 전신全身이 관련되는 복종이다. 피학대 음란증적 복종에는 운명에 대한, 병에 대한, 율동적 음악에 대한, 마약 또는 최면적 황홀경에 의해 발생한 도취적 상태에 대한 복종이 있다. 이러한 모든 경우 피학대 음란증적 인간은 자신의 통합성을 포기하고 자기 자신을 다른 사람, 또는 자신의 밖에 있는 어떤 것의 도구로 만든다. 그는 살아가는 문제를 생산적 활동으로 해결할 필요가 없다.

공서적 융합의 '능동적' 형태는 지배, 혹은 피학대 음란증에 대응되는 심리학적 용어를 사용하면, 가학성 음란증(사디즘 sadism)이다. 가학성 음란증적 인간은 다른 사람을 자신의 일부로 만들어서 고독과 갇혀 있다는 감정으로부터 도피하려고 한다. 그는 자신을 숭배하는 다른 사람을 흡수함으로써 자신을 팽창시키고 강화한다.

피학대 음란증적 인간이 가학성 음란증적 인간에 의존하듯이 가학성 음란증적 인간도 복종하는 자에게 의존한다. 양자는 한쪽이 없으면 살아나갈 수 없다. 차이점은 오직 가학성 음란증적 인간은 명령하고 착취하고 상처를 입히고 모욕을 가하고, 피학대 음란증적 인간은 명령받고 착취당하고 상처를 입고 모욕을 당한다는 점뿐이다. 현실적 의미에서 여기에는 상당한 차이가 있다.

그러나 더욱 깊은 감정적 차원에서 볼 때 양자가 공통으로 갖고 있는 것, 다시 말하면 통합성이 없는 융합에 비하면 차이는 그다지 크지 않다. 이 점을 이해한다면, 우리는 한 사람이 보통 가학성 음란증적 방식과 피학대 음란증적 방식이라는 두 가지 방식으로 서로 다른 대상에 반응한다는 것을 알더라도 놀라지 않을 것이다. 히틀러는 우선 사람들에 대해서는 가학성 음란증적 방식으로 반응했으나 운명, 역사, 자연의 '더욱 큰 힘'에 대해서는 피학대 음란증적 방식으로 반응했다. 그의 최후—전반적 파멸에 직면해서 자살한 것—는 그의 성공의 몽상—전 세계 지배—과 마찬가지로 특징적이다.[1]

공서적 합일과는 대조적으로 성숙한 '사랑'은 '자신의 통합성', 곧 개성을 '유지하는 상태에서의 합일'이다. 사랑은 인간에게 능동적인 힘이다. 곧 인간을 동료에게서 분리하는 벽을 허물어버리는 힘, 인간을 타인과 결합하는 힘이다. 사랑은 인간으로 하여금 고립감과 분리감을 극복하게 하면서도 각자에게 각자의 특성을 허용하고 자신의 통합성을 유지시킨다. 사랑에서는 두 존재가 하나로 되면서도 둘로 남아 있다는 역설이 성립한다.

만일 우리가 사랑을 활동이라고 말한다면, 우리는 '활동'이라는 말의 애매한 의미 때문에 난점에 봉착한다. 이 말의 현대적 용법에서 '활동'이라는 말은 에너지를 소비하여 기존의 상황을 변화시키는 행위를 의미한다. 따라서 사업을 하거나, 의학 공부를 하거나, 끝없이 돌아가는 컨베이어 벨트 위에서 일하거나, 책상을 만들거나, 스포츠에 종사하는 사람은 활동적인 사람으로 생각된다. 이러한 모든 활동의 공통점은 외부적 목표 달성을 목표로 한다는 점이다. 고려되지 '않고' 있는 것은 활동의 '동기'다.

예를 들면 어떤 사람은 깊은 불안감과 고독감에 쫓겨 끊임없이 일하고, 또 어떤 사람은 야망이나 돈에 대한 탐욕에 쫓겨 끊임없이 일한다. 이 모든 경우에 사람들은 열정의 노예이고, 그들은 쫓기고 있으므로 사실 그들의 활동은 '수동적'이다. 곧 그들은 '행위자'가 아니라 수난자이다. 한편 자기 자신, 그리고 자신과 세계의 일체성을 경험하는 것 말고는 아무런 목적이나 목표도 없이 조용히 앉아서 명상을 하는 사람은 아무것도 '하고 있지' 않기 때문에 '수동적'이라고 생각된다. 사실은 정신을 집중하는 이러한 명상적 태도는 최고의 활동이며, 내면적 자유와 독립의 상태에서만 가능한 영혼의 활동이다. 활동에 대한 한 가지 개념, 곧 근대적 개념은 외부적 목적 달성을 위한 에너지 사용을 가리킨다.

그러나 활동에 대한 또 하나의 개념은 외부적 변화가 일어났든, 일어나지 않았든 인간의 타고난 힘을 사용하는 것을 가리킨다. 스피노자는 활동에 대한 후자의 개념을 가장 명백하게 정식화했다. 그는 감정을 능동적 감정과 수동적 감정, 곧 '행동'과 '격정'으로 구별한다. 능동적 감정을 나타낼 때 인간은 자유롭고 자기 감정의 주인이 된다. 그러나 수동적 감정을 나타낼 때 인간은 쫓기고 자기 자신은 알지도 못하는 동기에 의해 움직여지는 대상이 된다. 이렇게 해서 스피노자는 덕과 힘이 동일하다는 명제에 도달한다.[2] 선망, 질투, 야망, 온갖 종류의 탐욕은 격정이다. 그러나 사랑은 행동이며 인간의 힘을 행사하는 것이고, 이 힘은 자유로운 상황에서만 행사할 수 있을 뿐, 강제된 결과로서는 결코 나타날 수 없다.

사랑은 수동적 감정이 아니라 활동이다. 사랑은 '참여하는 것'이지 '빠지는 것'이 아니다. 가장 일반적인 방식으로 사랑의 능동적 성격을 말한다면, 사랑은 본래 '주는 것'이지 받는 것이 아니라고 설명할 수 있다.

준다는 것은 무슨 뜻인가? 이 물음에 대한 대답은 단순한 듯하지만 사실은 매우 애매하고 복잡하다. 가장 광범하게 퍼져 있는 오해는 준다는 것은 무언가를 '포기하는 것', 빼앗기는 것, 희생하는 것이라는 오해이다. 성격상 받아들이고 착취하고 혹은 저장하는 것을 지향하는 단계를 넘어서지 못한 사람은 '준다'고 하는 행위를 이러한 방식으로 경험한다. 시장형市場型 성격의 사람은 주려고 하지만 단지 받는 것과 교환할 뿐이다. 그에게는 받는 것 없이 주기만 하는 것은 사기당하는 것이다.[3]

성격이 비생산적인 사람들은 주는 것을 가난해지는 것으로 생각한다. 그러므로 이들 대부분은 주려고 하지 않는다. 어떤 사람들은 희생이라는 의미에서 주는 것을 덕으로 삼는다. 그들은 주는 것이 고통스럽다는 이유 때문에 주지 않으면 안 된다고 생각한다. 그들에게 주어지는 덕은 희생을 감수한다는 행위에서만 성립된다. 그들의 경우, 받는 것보다는 주는 것이 낫다는 규범은 환희를 경험하기보다는 박탈당하는 것을 감수하는 편이 낫다는 의미이다.

생산적인 성격의 경우, 주는 것은 전혀 다른 의미를 갖는다. 주는 것은 잠재적 능력의 최고 표현이다. 준다고 하는 행위 자체에서 나는 나의 힘, 나의 부富, 나의 능력을 경험한다. 고양된 생명력과 잠재력을 경험하고 나는 매우 큰 환희를 느낀다. 나는 나 자신을 넘쳐흐르고 소비하고 생동하는 자로서, 따라서 즐거운 자로서 경험한다.[4] 주는 것은 박탈당하는 것이 아니며 준다고 하는 행위에는 나의 활동성이 표현되어 있기 때문에, 주는 것은 받는 것보다 더 즐겁다.

이 원리를 여러 가지 특수 현상에 적용해보고 이 원리의 타당성을 확인하기란 어려운 일이 아니다. 성性의 영역에 가장 기본적인 예가 있다.

남성 성 기능의 절정은 준다는 데 있다. 남성은 자기 자신을, 자신의 성기를 여자에게 준다. 오르가슴의 순간에 남자는 정액을 여자에게 준다. 그는 능력이 있는 한, 정액을 주지 않고는 견디지 못한다. 만일 줄 수 없다면 그는 성적 불능자이다.

여자의 경우, 비록 약간 더 복잡하기는 하지만, 사정은 다르지 않다. 여자도 자기 자신을 준다. 여자는 그녀의 여성으로서의 중심을 향해 문을 열어준다. 받아들이는 행위에서 그녀는 주고 있는 것이다. 주는 행위가 불가능하다면, 받기만 한다면, 그녀는 불감증不感症이다. 여자의 경우, 준다는 행위는 애인으로서의 기능뿐 아니라 어머니로서의 기능에서도 나타난다. 여자는 그녀 안에서 자라나고 있는 태아에게 자기 자신을 주고 유아에게 젖과 체온을 준다. 주지 않으면 오히려 고통스러울 것이다.

물질적인 영역에서는 준다는 것은 부자임을 의미한다. 많이 '갖고' 있는 자가 부자가 아니다. 많이 '주는' 자가 부자이다. 하나라도 잃어버릴까 안달을 하는 자는 심리학적으로 말하면 아무리 많이 갖고 있더라도 가난한 사람, 가난해진 사람이다. 자기 자신을 줄 수 있는 사람은 누구든지 부자이다. 그는 자기를 남에게 줄 수 있는 자로서 자신을 경험한다. 생존에 꼭 필요한 것 외에는 모든 것을 빼앗긴 자만이 뭔가를 주는 행위를 즐기지 못할 것이다.

그러나 일상적인 경험으로 보면 무엇을 최소한도의 필수품으로 생각하느냐 하는 것은 사실상 그가 얼마나 갖고 있느냐에 달려 있다기보다는 오히려 그의 성격에 달려 있다. 가난한 사람이 부자보다 더 잘 준다는 것은 널리 알려진 사실이다. 그렇다고 해도 정도 이상의 가난은 주는 것을 불가능하게 하며, 가난은 직접 야기하는 고통 때문이 아니라 가난한 자로부터 주는 기쁨을 빼앗는다는 사실 때문에 수치이다.

그러나 준다고 하는 점에서 가장 중요한 영역은 물질적 영역이 아니라 인간적인 영역에 있다. 어떤 사람이 다른 사람에게 주는 것은 무엇인가? 그는 자기 자신, 자신이 갖고 있는 것 중 가장 소중한 것, 다시 말하면 생명을 준다. 이 말은 반드시 남을 위해 자신의 생명을 희생한다는 뜻은 아니다. 오히려 자기 자신 속에 살아 있는 것을 준다는 뜻이다. 그는 자신의 기쁨, 자신의 관심, 자신의 이해, 자신의 지식, 자신의 유머, 자신의 슬픔―자기 자신 속에 살아 있는 것의 모든 표현과 현시顯示를 주는 것이다. 이와 같이 자신의 생명을 줌으로써 그는 타인을 풍요하게 만들고, 자기 자신의 생동감을 고양함으로써 타인의 생동감을 고양한다. 그는 받으려고 주는 것이 아니다. 그에게는 주는 것 자체가 절묘한 기쁨이다.

그러나 그는 줌으로써 다른 사람의 생명에 무엇인가 야기하지 않을 수 없고, 이와 같이 다른 사람의 생명에 야기된 것은 그에게 되돌아온다. 참으로 줄 때, 그는 그에게로 되돌아오는 것을 받지 않을 수 없다. 준다는 것은 다른 사람을 주는 자로 만들고, 두 사람 다 생명을 탄생시키는 기쁨에 참여하는 것을 의미한다. 주는 행위에서는 무엇인가 탄생하고 이와 관련된 두 사람은 그들 두 사람을 위해 태어난 생명에 대해 감사한다.

이 말은 특히 사랑에 대해서는, 사랑은 사랑을 일으키는 힘이고 무능력은 사랑을 일으키는 능력이 없다는 뜻이다. 마르크스는 이 사상을 아름답게 표현했다.

"'인간을 인간으로서' 생각하고 인간과 세계의 관계를 인간적 관계로 생각하라. 그러면 당신은 사랑은 사랑으로만, 신뢰는 신뢰로만 교환하게 될 것이다. 예술을 감상하려 한다면 당신은 예술적 훈련을 받은 사람이 되어야 한다. 다른 사람들에 대한 영향력을 갖고 싶다면, 당신은 실제로 다른 사람을 격려하고 발전시키는 사람이 되어야 한다. 당신의 인간과 자연에 대한 모든 관계는 당신의 의지의 대상에 대응하는, 당신의 '현실적이고 개별적인' 생명의 분명한 표현이 되어야 한다. 만일 당신이 사랑을 일깨우지 못하는 사랑을 한다면, 곧 당신의 사랑이 사랑을 일으키지 못한다면, 만일 사랑하는 사람으로서의 '생명의 표현'에 의해서 당신 자신을 '사랑받는 자'로 만들지 못한다면 당신의 사랑은 무능한 사랑이고 불행이 아닐 수 없다."[5] 그러나 사랑에서만 주는 것이 받는 것을 의미하지는 않는다. 선생은 학생에게서 배우고, 배우는 관객들로부터 자극을 받고, 정신분석가는 환자에 의해—그들이 서로 대상으로 다루지 않고 서로 성실하고 생산적으로 관계한다면—치유된다.

주는 행위로서의 사랑의 능력이 그 사람의 성격 발달에서 영향을 받는다는 사실은 새삼 강조할 필요가 없을 것이다. 이것은 특히 성격이 생산적 방향으로 발달하는 것을 전제로 하고 있다. 이러한 방향에서 인간은 의존성, 자아도취narcissism적 전능全能, 타인을 착취하려는 욕망, 저장하려는 욕망을 극복해왔고 자신의

인간적 힘에 대한 믿음, 곧 목표 달성에 있어서 자신의 힘에 의
존하는 용기를 획득해왔다. 이러한 성질이 결여되어 있는 정도
에 따라, 인간은 자기 자신을 주는 것, 따라서 사랑하는 것을 두
려워한다.

사랑의 능동적 성격은, 준다고 하는 요소 외에도, 언제나 모든
사랑의 형태에 공통된 어떤 기본적 요소들을 내포하고 있다는
사실에서도 분명해진다. 이러한 요소들은 보호, 책임, 존경, 지식
등이다.

사랑에 보호가 포함되어 있다는 것은 자식에 대한 모성애에서
가장 명백히 나타난다. 어머니가 자식을 충분히 보호하지 않는
다면, 또한 어머니가 자식에게 젖을 주지 않거나 목욕을 시키지
않거나 편안하게 해주지 않는다면, 아무리 어머니의 사랑에 대
한 보증을 듣더라도 우리는 진실한 사랑이라고 감동하지 않을
것이다. 그러나 어린아이를 돌보고 있는 어머니를 보면 우리는
강력한 인상을 받을 것이다.

동물이나 꽃에 대한 사랑의 경우도 다르지 않다. 꽃을 사랑한
다고 말하면서도 꽃에 물을 주는 것을 잊어버린 여자를 본다면,
우리는 그녀가 꽃을 '사랑한다고' 믿지 않을 것이다. "사랑은 사
랑하고 있는 자의 생명과 성장에 대한 우리의 적극적 관심이다."
이러한 적극적 관심이 없으면 사랑도 없다. 사랑의 이러한 요소
는 구약성서의 〈요나서〉에 아름답게 묘사되어 있다.

하느님은 요나에게 니느웨의 주민들에게 가서 그들이 악행을 그만두지 않는다면, 처벌을 받게 될 거라고 경고할 것을 명령했다. 요나는 니느웨 사람들이 뉘우치고 하느님이 그들을 용서하게 될 것이 두려워 전도의 사명을 피해버린다. 그는 질서와 율법에 대해서는 강렬한 감각을 가진 사람이지만 사랑은 모르는 사람이다. 그는 자신의 임무를 피해 도망하려고 애쓰다가 고래 배속에 갇히게 된다. 이것은 사랑과 연대감의 결여로 말미암아 그에게 일어난 고립과 폐쇄를 상징한다. 하느님은 요나를 구해주고 그는 니느웨로 간다. 그가 니느웨 주민들에게 하느님의 명령대로 설교하자 그가 두려워했던 일이 일어난다. 니느웨 사람들은 죄를 뉘우치고 생활 태도를 고쳤고, 하느님은 그들을 용서하고 이 도시를 파괴하지 않기로 결정한다. 요나는 몹시 화가 나고 실망한다. 그는 자비가 아니라 '정의'가 실행되기를 바랐던 것이다. 마침내 요나는 하느님이 그를 태양에서 보호하려고 자라게 한 나무 그늘에서 간신히 위안을 느끼게 된다.

그러나 하느님이 이 나무를 시들게 만들자, 요나는 낙담하고 화가 나서 하느님에게 불평을 한다. 하느님은 대답한다. "네가 수고도 아니하였고, 배양도 아니하였고, 하룻밤에 났다가 하룻밤에 망한 이 박덩굴을 네가 아꼈거늘 하물며 이 큰 성읍 니느웨에는 좌우를 분별치 못하는 자가 12만여 명이요 육축도 많이 있나니 내가 아끼는 것이 어찌 합당치 아니하냐?"(《구약》〈요나서 4장

10~11절) 요나에 대한 하느님의 대답은 상징적으로 이해되어야 한다. 하느님은 요나에게 무엇인가를 위해서 '일하고', '무엇인가를 키우는' 것이 사랑의 본질이며 사랑과 노동은 불가분의 것이라고 설명한 것이다. 사람은 자신의 노동의 대상을 사랑하고 자신이 사랑하는 것을 위해 일하기 마련이다.

보호와 관심에는 사랑의 또 하나의 측면, 곧 '책임'이라는 측면이 포함되어 있다. 오늘날은 책임이 흔히 의무, 곧 외부로부터 부과된 것을 의미한다고 이해되고 있다. 그러나 책임은, 그 참된 의미에서는, 전적으로 자발적인 행동이다. 책임은 다른 인간 존재의 요구—표현되었든, 표현되지 않았든—에 대한 나의 반응이다. '책임을 진다'는 것은 '응답할' 수 있고, '응답할' 준비가 갖추어져 있다는 뜻이다.

요나는 니느웨 주민들에게 책임을 느끼지 않았다. 그는 카인처럼 '나는 나의 형제들의 보호자인가?'라고 물을 수 있었을 것이다. 사랑하는 사람은 응답한다. 형제의 생활은 형제의 일일 뿐아니라 나 자신의 문제이기도 하다고. 그는 자기 자신에게 책임을 지는 것과 마찬가지로 동포들에게도 책임을 느낀다. 어머니와 자식 관계에서 이러한 책임은 주로 신체적 욕구에 대한 배려와 관련된다. 어른 사이의 사랑에서 책임은 주로 상대방의 정신적 요구와 관련된다.

만일 사랑의 세 번째 요소인 '존경'이 없다면, 책임은 쉽게 지배와 소유로 타락할 것이다. 존경은 두려움이나 외경은 아니다. 존경은 이 말의 어원(respicere=바라보다)에 따르면 어떤 사람을 있는 그대로 보고 그의 독특한 개성을 아는 능력이다. 존경은 다른 사람이 그 나름대로 성장하고 발달하기를 바라는 관심이다. 이와 같이 존경은 착취가 없다는 의미를 내포하고 있다.

나는 사랑하는 사람이 나에게 이바지하기 위해서가 아니라 자기 자신을 위해서 자기 나름대로의 방식으로 성장하고 발달하기를 바란다. 만일 내가 다른 사람을 사랑한다면, 나는 그(또는 그녀)와 일체감을 느끼지만 이는 '있는 그대로의 그'와 일체가 되는 것이지, 내가 이용할 대상으로서 나에게 필요한 그와 일체가 되는 것은 아니다.

'내'가 독립을 성취할 때에만, 다시 말하면 목발 없이, 곧 남을 지배하거나 착취하지 않아도 서서 걸을 수 있을 때에만 존경이 가능하다는 것은 분명하다. 존경은 오직 자유를 바탕으로 해서 성립할 수 있다. 프랑스의 옛 노래처럼 '사랑은 자유의 소산'이며 결코 지배의 소산이 아니다.

어떤 사람을 존경하려면 그를 잘 '알지' 않고서는 불가능하다. 보호와 책임은 지식에 의해 인도되지 않는다면 맹목일 것이다. 지식은 관심에 의해 동기가 주어지지 않으면 공허할 것이다. 지식에는 여러 층이 있다. 사랑의 한 측면인 지식은 주변에 머물지 않고 핵심으로 파고든다. 이러한 지식은 나 자신에 대한 관심을 초월해서 다른 사람을 그의 관점에서 볼 수 있을 때에만 가능하다. 예컨대 나는 어떤 사람이 화를 냈다는 것을 그가 그런 사실을 분명히 나타내지 않았을 때도 알 수 있다.

그러나 그가 화를 냈다는 것 이상으로 더 깊이 그를 알 수도 있을 것이다. 그러면 나는 그가 불안하고 근심에 싸여 있으며, 외로움과 죄책감을 느끼고 있다는 것을 알 수 있다. 그러면 나는 그의 노여움이 더욱 깊은 어떤 것의 나타남에 지나지 않음을 알게 되고, 그를 근심하고 당황하는 사람으로서, 다시 말하면 화를 낸 사람이라기보다는 괴로워하는 사람으로서 보게 된다.

지식은 사랑의 문제에 대해 더욱 근본적인 또 하나의 관계를 갖고 있다. 분리라는 감옥으로부터 벗어나기 위해 다른 사람과 융합하려는 기본적 욕구는 또 하나의 각별히 인간적인 욕망, 곧 '인간의 비밀'을 알려는 욕망과 밀접히 관련되어 있다. 단순히 생물학적 측면에서 보아도 인간의 생명은 기적이고 신비지만 인간적 측면에서 보아도 인간은 자기 자신에 대해, 그리고 그 동료들에 대해 불가해한 비밀이다.

우리는 우리 자신을 알고 있지만, 온갖 노력을 기울여도 우리 자신을 모두 알지는 못한다. 우리는 우리의 동료를 알고 있지만 그들을 전부 알지는 못한다. 우리는 사물이 아니고 우리의 동료들도 사물이 아니기 때문이다. 우리가 우리의 존재 또는 다른 사람의 존재의 깊이에 도달하려고 하면 할수록 인식의 목표는 더욱 멀어진다. 그러나 우리는 인간의 영혼의 비밀에, 곧 '인간'의 가장 내면적인 핵심에 침투하지 않을 수 없다.

인간의 비밀을 아는 한 가지 방법, 절망적인 방법이 있다. 그 것은 다른 사람을 완전히 지배하는 힘으로부터, 다시 말하면 그로 하여금 우리가 원하는 것을 하게 하고 우리가 원하는 것을 느끼게 하고 우리가 원하는 것을 생각하게 해서 그를 사물, 우리의 사물, 우리의 소유물로 바꿔놓는 힘으로부터 생기는 방법이다.

인간의 비밀을 알려는 이와 같은 시도의 궁극적 단계는 극단적인 가학성 음란증, 곧 인간을 괴롭히고 고문해 고통 속에서 자신의 비밀을 누설하도록 강요하는 욕망과 능력이다. 깊고 강렬한 잔인성과 파괴욕의 본질적인 동기는 인간의, 그의, 따라서 우리 자신의 비밀에 침투하려는 이러한 갈망에 있다. 이러한 사상은 아이작 바벨I. Babel에 의해 매우 간결한 방식으로 표현되었다.

그는 러시아 내란 때 이전의 주인에게 죽음의 낙인을 찍은 동료 장교가 다음과 같이 말하는 것을 인용하고 있다.

"총살로는—나는 이와 같이 말하리라—당신은 그 녀석에게서 벗어날 수 있을 뿐이다……. 총살로는 어디에 있는지 또 어떻게 보이는지도 알지 못하는 그 녀석의 영혼에 도달하지 못할 것이다. 그러나 나는 수고를 아끼지 않는다. 나는 몇 번이나 한 시간 이상 적을 짓밟은 적이 있다. 알다시피 나는 생명이 정녕 무엇이며 우리의 방식에 따라 생명이 어떻게 쓰러지는지를 알고 싶은 것이다."[6]

흔히 우리는 어린이에게서 지식에 이르는 이 길을 매우 분명하게 볼 수 있다. 어린이는 어떤 것을 알기 위해 분해하고 해체한다. 또는 동물을 해부하기도 한다. 나비를 알기 위해, 나비의 비밀을 드러내기 위해 잔인하게 날개를 잡아 뜯는다. 이러한 잔인성의 동기는 더욱 깊은 것, 곧 사물과 생명의 비밀을 알려고 하는 소망에 있다.

이 '비밀'을 알게 해주는 또 하나의 길은 사랑이다. 사랑은 다른 사람에게 적극적으로 침투하는 것이고, 이러한 침투를 통해 알려고 하는 나의 욕망은 합일에 의해 만족을 얻는다. 융합하는 행위를 통해 나는 당신을 알고 나 자신을 알고 모든 사람을 안다. 그리고 나는 아무것도 '알지' 못한다. 나는 오직 한 가지 방법에 의해서만 인간에 대한 살아 있는 지식을 얻을 수 있다는 것을 알고 있다. 우리의 사고思考가 제시하는 지식에 의해서가 아니라 합일의 경험에 의해서만 알 수 있다는 것을.

가학성 음란증의 동기는 이러한 비밀을 알려는 소망에 있지만 나는 여전히 무지하다. 다른 사람을 갈기갈기 찢어놓더라도 내가 한 일은 그를 파괴한 것뿐이다. 사랑은 지식에 이르는 단 하나의 길이며, 사랑은 합일의 행위를 통해 나의 물음에 대답한다. 사랑하는, 곧 나 자신을 주는 행위에서, 다른 사람에게 침투하는 행위에서 나는 나 자신을 찾아내고 나 자신을 발견하고, 나는 우리 두 사람을 발견하고 인간을 발견한다.

우리 자신과 우리 동료를 알려고 하는 갈망은 델포이 신전에 새겨져 있는 "너 자신을 알라"라는 모토에 표현되어 있다. 이 모토는 모든 심리학에서 주요 동기가 된다. 그러나 이 욕망이 인간의 모든 것, 곧 인간의 가장 깊숙한 비밀을 알려는 것인 한, 이 욕망은 평범한 종류의 지식, 곧 사고에만 의존하는 지식으로는 충족되지 않는다. 이를테면 우리가 우리 자신을 1천 배쯤 더 잘 알게 되더라도, 우리는 근저에 도달하지는 못할 것이다. 우리의 동료가 우리에게는 언제나 수수께끼인 것처럼, 우리는 자신에 대해 언제나 수수께끼이다.

충분한 지식을 얻을 수 있는 유일한 길은 사랑의 '행위'에 있다. 이 행위는 사상을 초월하고 언어를 초월한다. 사랑의 행위는 대담하게 합일의 경험으로 뛰어드는 것이다. 그러나 사고를 통한 지식, 곧 심리학적 지식은 사랑의 행위를 통해 충분한 지식을 얻기 위한 불가결한 조건이다. 다른 사람의 실상을 보려면, 즉 내가 그에 대해 갖고 있는 환상, 곧 불합리하게 일그러진 상像을 극복하려면, 나는 다른 사람과 나 자신을 객관적으로 알아야 한다. 인간을 객관적으로 알게 될 때에만 사랑의 행위를 통해서 인간의 궁극적 본질을 알 수 있다.[7]

인간을 아는 문제는 신을 아는 종교적 문제와 병행된다. 인습적인 서양 신학에서는 사고에 의해서 신을 알고 신에 '대해' 진술하려고 노력한다. 이 신학은 나의 사고에 의해서만 신을 알 수 있다고 가정한다. (뒤에서 설명하듯이) 유일신론唯一神論의 결과인 신비주의는 사고에 의해 신을 알려고 하는 노력을 포기하고 신과 합일의 경험을 추구하는데, 신과의 합일에는 신에 '대한' 지식이 끼어들 여지—필요—가 전혀 없다.

인간과의 합일, 또는 종교적으로 말하면 신과의 합일을 경험하는 것은 결코 비합리적인 것이 아니다. 반대로 알베르트 슈바이처가 지적한 것처럼, 이러한 합일은 합리주의의 결과이며, 가장 대담하고 철저한 결과다. 그것은 우연이 아니라 근본적인 우리 지식의 한계에 바탕을 두고 있다. 다시 말해 우리는 인간과 우주의 비밀을 결코 '파악'할 수 없지만 그럼에도 사랑의 행위를 통해서 그것을 알 수 있다는 지식이다. 심리학은 과학으로서 그 한계를 갖고 있으며, 신학의 논리적 귀결이 신비주의인 것처럼 심리학의 궁극적 귀결은 사랑이다.

보호, 책임, 존경, 지식은 서로 의존하고 있다. 보호, 책임, 존경, 지식은 성숙한 인간, 곧 자신의 힘을 생산적으로 발휘하고 스스로 일한 결과만을 차지하려고 하고, 전지전능이라는 자아도취적 꿈을 포기하고, 오직 순수한 생산적 활동에 의해서만 획득할 수 있는 내적 힘에 바탕을 둔 겸손을 터득한 사람에게서만 찾아볼 수 있는 일련의 태도이다.

지금까지 나는 인간의 분리 상태를 극복하는 사랑, 합일에의 열망을 실현하는 사랑에 대해 말했다. 그러나 합일에 대한 보편적이고 실존적인 욕구를 바탕으로 더욱 특수하고 생물학적인 욕구, 곧 남성과 여성이라는 극極 사이에서 합일에 대한 욕구가 일어난다. 이러한 양극성兩極性의 사상은 본래 남자와 여자는 한 몸이었으나 두 몸으로 갈라졌고, 그때부터 모든 남성은 여성이라는 자신의 잃어버린 반쪽을 찾아 다시 그녀와 결합하려고 한다는 신화에 선명하게 표현되어 있다. (본래는 양성이 일체였다는 사상은 아담의 갈비뼈로 이브를 만들어냈다는 성서의 이야기에도 포함되어 있다. 비록 이 이야기에서는 가부장주의 때문에 여자가 남자에 종속되어 있기는 하지만). 이 신화의 의미는 매우 분명하다.

성적인 양극성은 인간으로 하여금 특수한 방법, 곧 다른 성과의 합일이라는 방법으로 합일을 추구하게 한다. 남성적 요소와 여성적 요소 사이에 있는 양극성은 각각의 남녀 '속에도' 존재한다. 생리적으로 남자든 여자든 각기 반대되는 성의 호르몬을 갖고 있는 것처럼, 심리학적 의미에서도 남녀는 각기 양성적이다. 남녀는 그 자체 내에 받아들이는 요소와 침투하는 요소, 물질의 요소와 정신의 요소를 갖고 있다. 남자는—여자도 마찬가지이지만—그의 여성적 극과 남성적 극의 양극이 합일할 때에만 자기 자신의 내면에서 합일을 발견한다. 이러한 양극성은 모든 창조의 기초이다.

남녀라는 양극성은 대인 관계에서 창조의 기초이기도 하다.

이 점은 생물학적으로는 정자와 난자의 결합이 어린아이 탄생의 기초라는 사실에서 분명해진다. 그러나 순수하게 정신적인 영역에서도 사정은 다르지 않다. 남녀 사이의 사랑을 통해 남녀는 각기 재탄생하는 것이다. (동성애적 일탈은 이 양극화된 결합의 성취에 실패한 것이고 따라서 동성애자는 결코 해결되지 않는 분리, 곧 이러한 실패로 말미암아 고통을 받는다. 그러나 이러한 실패는 사랑할 줄 모르는 이성애자에게도 공통된다.)

남성적 요소와 여성적 요소라는 이러한 양극성은 자연에도 존재한다. 동물이나 식물에서도 명백하게 드러날 뿐 아니라 두 기본적 기능, 곧 받아들이고 침투한다는 기능의 양극성에도 존재한다. 이것은 지구와 비, 강과 바다, 밤과 낮, 어둠과 빛, 물질과 정신의 양극성이다. 이 사상은 이슬람교의 위대한 시인이며 신비주의자인 루미Ruml에 의해 아름답게 표현되었다.

정녕 사랑하는 자가 사랑받는 자를 원하는 것은
사랑받는 자가 그를 원할 때뿐이다.
사랑의 불꽃이 '이' 가슴에서 타오를 때
'저' 가슴에도 사랑이 깃든 줄을 알게 된다.
그대의 가슴에서 신에 대한 사랑이 자라날 때
온갖 의심을 넘어서서 신은 그대를 사랑했다.
또 한 손이 없으면 한 손으로는 손뼉을 칠 수 없다.

거룩한 지혜는 운명이거늘, 이 지혜는 우리에게

서로 사랑하라고 명령한다.

이러한 운명 때문에 세계의 각 부분은 짝을 찾아 짝을 이룬다.

현자賢者의 눈에는 하늘은 남자, 땅은 여자이다.

땅은 하늘이 떨어뜨리는 것을 키운다.

땅에 열이 없으면 하늘은 열을 보내고

땅이 신선함을 잃고 메마르면 하늘은 이를 회복시킨다.

하늘은 아내를 위해 식량을 찾아 헤매는 남편처럼 땅 위를 돌
고

땅은 주부主婦처럼 바쁘고 땅은 자식을 낳아 젖을 먹인다.

땅과 하늘은 지혜로운 자로서 일하므로

땅과 하늘도 지혜가 있다고 생각하라.

땅과 하늘이 서로 기쁨을 느끼지 않는다면

왜 땅과 하늘이 애인들처럼 포옹하고 있는가?

땅이 없으면 어떻게 꽃이 피고 나무가 자랄 것인가?

그렇다면 하늘은 무엇을 위해 물과 열을 만들어낼 것인가?

하느님은 남자와 여자에게 그들의 결합에 의해

세계를 보존하려는 욕망을 끝까지 품게 한 것처럼

하느님은 존재자의 모든 부분에 다른 반쪽을 찾으려는 욕망
을 심어놓았다.

낮과 밤은 겉으로는 적이지만 동일한 목적에 이바지하고 있

고,

　서로의 일을 완성하기 위해 밤과 낮은 서로 사랑하고 있다.
　밤이 없으면 인간의 본성은 아무 소득도 얻지 못하고
　따라서 낮에는 소비할 것이 없으리라.[8]

　남녀 양극성의 문제는 사랑과 성에 대해 더 많은 검토를 요구한다. 나는 전에, 프로이트가 성욕을 사랑과 합일의 요구가 나타난 것으로 보지 않고 오히려 사랑에서 성적 본능의 표현—혹은 승화—만을 보려고 한 것은 잘못이라고 말한 적이 있다. 그러나 프로이트의 잘못은 더 심각한 것이다. 그의 생리학적 유물론과 일치하는바, 그는 성적 본능을 몸속에 화학적으로 생긴, 고통스럽게 해방을 갈망하는 긴장의 결과라고 본다. 성욕의 목적은 이 고통스러운 긴장을 제거하는 것이고 성적 만족은 이러한 제거에 성공하는 것이다.

　유기체가 충분한 영양을 섭취하지 못할 때 굶주림이나 갈증이 생기는 방식과 똑같은 방식으로 성욕이 생긴다고 하는 점까지는 이 견해가 타당하다. 이러한 관점에서 성욕은 갈망이고 성적 만족은 갈망의 해소이다. 이러한 성욕의 개념을 갖는 한, 사실상 자위自慰는 이상적인 성적 만족이리라.

　매우 역설적이지만 프로이트가 무시한 것은 성욕의 심리적·생물학적 측면, 남녀의 양극성, 그리고 결합에 의해 이 양극을 연결하려는 욕망이다. 아마도 프로이트의 극단적인 가부장주의는 이처럼 기묘한 잘못을 촉진했을 것이다. 가부장주의 때문에 그는 성욕을 본질적으로 남성적이라고 가정하게 되었고, 따라서 독특한 여성의 성욕을 무시하게 되었다.

그는 〈성의 이론에 대한 세 가지 공헌〉에서 이 사상을 전개하면서, 리비도libido는 남성 안에 있는 리비도든 여성 안에 있는 리비도든 관계없이 원칙적으로 '남성적 성격'을 가졌다고 말하기도 한다. 어린 소년 또한 거세된 '남성적 성격'을 가졌다고 말한다. 또한 소년은 거세된 남성으로서 여성을 경험하고, 여성 자신은 남성 성기의 상실에 대해 여러 가지 보상을 구하고 있다는 프로이트의 이론에서도 똑같은 사상이 합리적 형태로 표현되어 있다. 그러나 여성은 거세된 남성이 아니며, 여자의 성욕은 '남성적 성질'을 가진 것이 아니라 여성 특유의 것이다.

양성 간의 성적 매력은 부분적으로 긴장을 제거하려는 욕구에 그 동기가 있다. 중요한 것은 이성의 극과 합일하려는 욕구이다. 사실상 색정적 매력은 결코 성적 매력에 의해서만 표현되지는 않는다. '성적 기능'과 마찬가지로 '성격'에도 남자다움과 여자다움이 있다. 남성적 성격은 침투, 지도, 활동, 훈련, 모험이라는 성질을 가진 것으로 정의된다. 여성적 성격은 생산적인 수용성受容性, 보호, 현실주의, 인내력, 어머니다움으로 정의된다. (각 개인에게는 두 성격이 혼합되어 있으나 '남성' 또는 '여성'의 성과 관련된 것이 우위를 차지하고 있을 뿐임을 항상 명심해야 한다.)

매우 흔히 있는 일이거니와 남성이 정서적으로 어린아이 상태에 머물러 있어서 그의 남성적 성격의 특징이 약화되면, 그는 '성교'에서 배타적으로 남성적 역할을 강조함으로써 이러한 결함을 보상하려고 한다. 그 결과가 돈 후안이다. 돈 후안은 성격적인 의미에서는 남성다움이 불확실하기 때문에 성교에서 자신의 남성적 힘을 입증할 필요가 있다. 남성다움의 마비가 극단적일 때, 가학성 음란증(폭력 사용)은 남성다움의 주요한—도착倒錯된—대용품이 된다. 여성의 성욕은 약화되거나 도착되면, 피학대 음란증 또는 소유욕으로 변한다.

프로이트는 성을 과대평가한다는 비판을 들어왔다. 인습적 생각에 사로잡힌 사람들 사이에 비판과 적의를 일으킨 요소를 프로이트의 체계로부터 제거하려는 소망은 흔히 이러한 비판을 촉진했다. 프로이트는 이러한 동기를 날카롭게 알아차리고 바로 이 이유 때문에 그의 성의 이론을 변경하려는 온갖 시도와 싸웠다. 실제로 당대에 프로이트의 이론은 도전적이고 혁명적인 성격을 갖고 있었다.

그러나 1900년대에 타당한 것이라도 50년이 넘게 지나서도 타당한 것일 수는 없다. 성적인 관습이 매우 변했기 때문에 프로이트의 이론은 서양의 중류계급에는 이미 충격적인 것이 아니며, 전통적인 분석가가 오늘날도 프로이트의 성 이론을 옹호하는 것을 용감하게 급진적인 일로 생각한다면, 이것은 돈키호테적 급진주의에 지나지 않는다. 사실상 그들의 심리 분석의 특색은 순응주의자라는 데 있으며, 현대 사회를 비판하게 되는 심리학적 문제는 제기하지 못한다.

프로이트 이론에 대한 나의 비판은 그가 성을 과대평가했다는 것이 아니라 성을 충분히 깊이 있게 이해하는 데 실패했다는 점에 있다. 그는 대인 관계에서 정열의 중요성을 발견하는 것으로 출발했다. 자신의 철학적 전제에 따라 그는 이러한 정열을 생리학적으로 설명했다. 정신분석은 앞으로 프로이트의 통찰을 생리학적 차원에서 생물학적·실존적 차원으로 옮겨놓아 프로이트의 개념을 수정하고 깊게 할 필요가 있다.[9]

2

부모와

자식 사이의 사랑

　자비로운 운명이 어머니로부터, 곧 자궁 내 존재로부터의 분
리에서 생기는 불안을 알지 못하도록 보호해주지 않는다면, 어
린아이는 태어나는 순간에 죽음의 공포를 느낄 것이다. 태어난
후에도 갓난아이는 탄생 이전과 거의 다르지 않다. 갓난아이는
대상을 인식하지 못하고, 아직도 자기 자신을 알지 못하며, 자기
밖에 있는 세계를 알지 못한다. 갓난아이가 적극적으로 느끼는
자극은 따뜻함과 음식뿐이지만 따뜻함과 음식을 그 근원, 곧 어
머니와 구별하지 못한다.
　어머니는 따뜻함이고, 어머니는 음식이며, 어머니는 만족과
안전의 유쾌한 상태다. 이 상태는 프로이트의 용어를 사용하면
자아도취 상태다. 사람과 사물 등 외부의 실재實在는 신체의 내
적 상태를 만족시키든가, 또는 신체의 내적 상태를 실망시키든

가 할 때에만 의미를 갖는다. 현실적인 것은 내부에 있는 것뿐이기 때문이다. 밖에 있는 것은 나의 욕구라는 관점에서만—결코 외부적인 것 자체의 성질이나 욕구라는 관점에서는 아니다—현실적이다.

어린아이는 성장하고 발달함에 따라 사물을 있는 그대로 지각하게 된다. 젖을 먹는 데서 얻는 만족은 젖꼭지와 구별되고 어머니의 가슴은 어머니와 구별된다. 마침내 어린아이는 갈증, 만족을 주는 젖, 가슴, 어머니를 각기 다른 실재로서 경험한다. 어린아이는 다른 많은 사물들을 서로 다른 것으로서, 곧 스스로의 존재를 갖는 것으로서 지각할 줄 알게 된다. 이때는 이 사물들에 명칭을 부여하는 것을 배운다. 동시에 이 사물들을 다룰 줄 알게 된다.

불은 뜨겁고 고통스러우며, 어머니의 몸은 따뜻하고 유쾌하며, 나무는 단단하고 무거우며, 종이는 가볍고 찢을 수 있다는 것을 알게 된다. 또한 어린아이는 사람들을 어떻게 다루어야 하는지를 배운다. 내가 음식을 먹으면 어머니는 웃을 것이고, 내가 울면 어머니는 나를 안아줄 것이며, 내가 배변을 하면 어머니는 칭찬해주리란 사실을 알게 된다. 이러한 모든 경험은 결정되고 통합되어 '나는 사랑받고 있다'는 경험이 된다. 나는 어머니의 자식이기 때문에 사랑받는다. 나는 스스로 어찌할 수 없는 존재이기 때문에 사랑받는다. 나는 아름답고 칭찬할 만하기 때문에 사랑받는다. 어머니에게 내가 필요하기 때문에 사랑받는다. 더 일반적으로 말하면 '나는 현재의 나로서 사랑받는다.' 혹은 더 정확하게 말하자면 '나는 나이기 때문에 사랑받는' 것이리라. 어머니의 사랑을 받는 이러한 경험은 수동적인 경험이다.

사랑받기 위해 내가 해야 할 일은 하나도 없다. 어머니의 사랑은 무조건적이다. 내가 해야 할 일은 오직 '현재의 상태', 곧 어머니의 자식으로 존재하는 것뿐이다. 어머니의 사랑은 지복至福이고 평화이며, 획득할 필요도, 보상할 필요도 없다. 그러나 그 사랑의 무조건적 성질에도 역시 부정적 측면이 있다. 어머니의 사랑은 보답할 필요가 없을 뿐 아니라 획득될 수도, 만들어낼 수도, 통제할 수도 '없다.' 어머니의 사랑이 여기에 있다면 그것은 축복이다. 어머니의 사랑이 여기에 없다면 그것은 마치 인생의 모든 아름다움이 사라져버린 것과 같다. 어머니의 사랑을 만들어내기 위해 내가 할 수 있는 일은 하나도 없다.

여덟 살 반부터 열 살 이전의 대부분의 아동들[10]에게 문제는 거의 예외 없이 '사랑받는'—있는 그대로의 모습으로 사랑받는—문제이다. 이 연령까지의 아동은 아직 사랑할 줄 모른다. 사랑받는 경우 기쁘고 즐겁게 반응할 뿐이다.

아동발달의 이 단계에서 아동의 심상心象에는 새로운 요인, 곧 자신의 행위로써 사랑을 만들어내려는 새로운 감정적 요인이 생긴다. 처음으로 어린이는 어머니(또는 아버지)에게 무엇인가 '주려는', 무엇이든—시나 그림, 그 밖의 것들—만들어주려는 생각을 하게 된다. 어린이의 생활에서 처음으로 사랑의 관념은 사랑받는 것으로부터 사랑하는, 창조적으로 사랑하는 것으로 변한다. 이렇게 처음 시작할 때부터 사랑이 성숙하기까지는 많은 세월이 필요하다. 마침내 어린이는 이제 젊은이가 되어 자기 본위성, 곧 다른 사람들을 오직 자신의 욕구 충족의 수단으로 생각하는 태도를 극복한다.

다른 사람들의 욕구도 자기 자신의 욕구만큼 중요해진다. 사실상 다른 사람들이 더 중요해진다. 주는 것이 받는 것보다 더 만족스러워지고 즐거워진다. 사랑하는 것이 사랑받는 것보다 훨씬 중요해진다. 사랑함으로써 그는 자아도취와 자기 본위 상태에 의해 이루어진 고독과 고립이라는 감방에서 벗어난다. 그는 새로운 합일감, 참여감, 일체감을 느낀다. 더 나아가 아이는, 사랑스러운 상태 혹은 '착한 아이'가 됨으로써 부모에게 받아들여지고 의존적이 되는 것—바로 이 때문에 아이는 작고 무력하며 병들게 된다—보다는 스스로 사랑함으로써 사랑을 만들어내는 잠재력을 느낀다.

어린아이의 사랑은 '나는 사랑받기 때문에 사랑한다'는 원칙에 따르고, 성숙한 사랑은 '나는 사랑하기 때문에 사랑받는다'는 원칙에 따른다. 성숙하지 못한 사랑은 '그대가 필요하기 때문에 나는 그대를 사랑한다'는 것이지만 성숙한 사랑은 '그대를 사랑하기 때문에 나에게는 그대가 필요하다'는 것이다.

사랑의 '능력'의 발달과 사랑의 '대상'의 발달은 밀접한 관계를 갖고 있다. 태어나서 처음 몇 달 동안 또는 처음 몇 년 동안에 어린아이는 어머니에게 가장 밀접한 애착을 갖고 있다. 이러한 애착은 어머니와 어린아이가 둘이면서도 하나였던 출생 이전 시기부터 시작된 것이다.

출생은 어떤 점에서는 사태를 바꿔놓지만 겉으로 드러나는 정도로 심하지는 않다. 어린아이는 이제 자궁 밖에서 살고 있지만 아직도 완전히 어머니에게 의존하고 있다. 그러나 날이 갈수록 독립의 정도가 높아진다. 아이는 걷는 것을 배우고, 말하는 것을 배우고, 스스로 세계를 탐험할 줄 알게 된다. 어머니와의 관계는 사활死活과 관련되는 중요성을 차츰 잃게 되고 그 대신에 아버지와의 관계가 점점 더 중요해진다.

이와 같이 어머니에게서 아버지에게로 옮겨가는 것을 이해하려면 우리는 어머니의 사랑과 아버지의 사랑이 갖는 성질상의 본질적 차이를 이해해야 한다. 우리는 이미 어머니의 사랑에 대해서는 고찰했다. 어머니의 사랑은 본질적으로 무조건적이다. 어머니가 갓난아이를 사랑하는 것은 그 애가 어떤 특수한 조건을 만족시켜주었거나 특별한 기대를 충족시켜주었기 때문이 아니라 그녀의 아이이기 때문이다. (물론 여기서 내가 어머니와 아버지의 사랑을 말할 때 나는 '이상형'―막스 베버가 말한 의미에서. 융이 말한 의미에서는 원형原型—을 말하는 것이지, 모든 아버지와 어머니가 이러한 방식으로 사랑한다고 말하는 것은 아니다. 나는 아버지다운 사람, 어머니다운 사람에게 나타나 있는 부성적 원칙과 모성적 원칙에 관해 말하고 있을 뿐이다.)

무조건적 사랑은 어린아이만이 아니라 모든 인간의 가장 절실한 갈망 가운데 하나다. 한편 어떤 장점 때문에, 다시 말하면 사랑받을 만해서 사랑받는 경우, 언제나 의심이 남는다. 내가 사랑해주기를 바라는 사람을 즐겁게 해주지 못한 것은 아닐까 하는 두려움도 언제나 남아 있다. 언제나 사랑을 잃지 않을까 하는 두려움이 있는 것이다. 더 나아가 '보상으로 주어지는' 사랑은 자기 자신 때문이 아니라 상대를 즐겁게 해주었다는 이유만으로 사랑을 받는 것이고, 궁극적으로 분석해보면 사랑받는 게 아니라 이용당하고 있다는 쓰라린 감정을 쉽게 일으킨다.

우리 모두가, 어린아이로서나 또 어른이 된 다음에도 어머니의 사랑에 집착하고 어머니의 사랑을 갈망하는 것은 이상한 일이 아니다. 대부분의 어린이는 행복하게도 어머니의 사랑을 충분히 받는다(어느 정도인가는 뒤에서 말하겠다). 그러나 어른이 되면 이러한 갈망은 충족되기가 매우 어려워진다. 가장 만족스러운 발달 과정에서는 이러한 갈망이 정상적인 성애性愛의 한 요소로 남아 있다. 흔히 이러한 갈망은 종교적 형태로 표현되며, 그보다 자주 신경증적 형태로 표현되기도 한다.

아버지와의 관계는 아주 다르다. 어머니는 우리를 탄생시킨 고향이고, 자연이고 대지이고 대양이다. 아버지는 이러한 자연적 가정을 의미하지 않는다. 아버지는 생후 몇 년 동안은 어린아이와 거의 관련이 없고, 이 초기 단계에서 어린아이에 대한 아버지의 중요성은 어머니의 중요성과 비교도 할 수 없다.

그러나 아버지는 자연적 세계를 나타내지는 못하지만 인간 존재의 다른 극, 곧 사상, 인공적 사물, 법률과 질서, 훈련, 여행과 모험 등의 세계를 대표한다. 아버지는 어린아이를 가르치는 사람이고 어린아이에게 세계로 들어서는 길을 지시해주는 사람이다.

이러한 기능은 사회적·경제적 발달과 관련된 기능에 밀접한 관련이 있다. 사유재산이 성립되고 아들에게 상속될 수 있게 되었을 때, 아버지는 재산을 남겨줄 만한 아들을 원하기 시작했다. 아버지가 자신의 후계자로서 가장 적합하다고 생각한 아들, 자신과 가장 많이 닮았고 따라서 가장 좋아하게 된 아들을 상속자로 삼는 것은 당연한 일이었다.

아버지의 사랑은 조건이 있는 사랑이다. 아버지의 사랑의 원칙은 '너는 나의 기대를 충족해주기 때문에, 네 의무를 다하고 있기 때문에, 나를 닮았기 때문에 나는 너를 사랑한다'는 것이다. 아버지의 조건부 사랑에서도 우리는 어머니의 무조건적인 사랑에서와 마찬가지로 소극적 측면과 적극적 측면을 발견할 수 있다. 보답을 바라기 때문에 기대하는 바를 달성하지 못하면 사랑을 잃게 된다는 사실은 아버지의 사랑의 소극적 측면이다.

아버지의 사랑의 본성에는, 복종은 주요한 덕이고 불복종은 중요한 죄라는 사실이 가로놓여 있다. 따라서 (복종하지 않으면) 그 벌로 아버지의 사랑을 잃게 된다. 적극적 측면도 마찬가지로 중요하다. 아버지의 사랑은 조건부이기 때문에 나는 아버지의 사랑을 얻으려고 무슨 일인가를 할 수 있고 노력할 수도 있다. 아버지의 사랑은 어머니의 사랑처럼 나의 통제를 벗어나 있지는 않다.

어린이에 대한 어머니와 아버지의 태도는 어린아이 자신의 욕구와 일치한다. 갓난아이에게는 정신적으로나 육체적으로나 어머니의 무조건적 사랑과 보호가 필요하다. 여섯 살 이후 어린아이에게는 아버지의 사랑, 아버지의 권위와 지도가 필요해지기 시작한다. 어머니는 어린아이의 생명을 안전하게 지켜주는 기능을 갖고 있고, 아버지는 이 어린아이가 태어난 특별한 사회가 던져주는 문제들을 처리할 수 있도록 어린아이를 가르치고 지도하는 기능을 갖고 있다. 이상적인 경우에 어머니의 사랑은 어린아이의 성장을 방해하거나 무력감을 조장하지 않는다.

어머니는 삶에 대한 신념을 갖고, 지나친 걱정을 해서는 안 되며, 어머니의 걱정이 어린아이에게 전해지게 해서는 안 된다. 어머니는 생애 일부를 어린아이가 독립해서 마침내 그녀에게서 떨어져 나가기를 바라는 소망에 바쳐야 한다. 아버지의 사랑은 원칙과 기대로 인도되어야 한다. 아버지의 사랑은 위협적이고 권위적이기보다는 참을성이 있고 관대해야 한다. 아버지의 사랑은 성장하는 어린아이에게 능력에 대한 확신을 증대해야 하고, 마침내 어린아이가 자기 자신을 지배하는 권위를 갖고 아버지의 권위에서 떨어져 나가는 것을 허용해야 한다.

결국 성숙한 사람이 되려면 자신이 자신의 어머니가 되고 아버지가 되는 단계에 도달하지 않으면 안 된다. 말하자면 그는 어머니다운, 그리고 아버지다운 양심을 갖게 되어야 한다. 어머니다운 양심은 '어떠한 악행이나 범죄도 너에 대한 나의 사랑, 너의 삶과 행복에 대한 나의 소망을 빼앗지는 못한다'고 말하고, 아버지다운 양심은 '네가 잘못을 저지르면 너는 네 잘못의 결과를 받아들여야만 하고 내 마음에 들고 싶다면 너는 너의 생활 방식을 크게 바꾸어야 한다'고 말한다.

성숙한 사람은 외부에 있는 어머니와 아버지의 모습으로부터 해방되어 내면에 그 모습을 간직한 사람이다. 그러나 프로이트의 초자아super-ego 개념과는 달라서 어머니와 아버지를 편입시킴으로써 내면에 그들의 모습을 간직하는 것이 아니라, 자기 자신의 사랑의 능력에 어머니다운 양심을 간직하고, 자신의 이성과 판단에 아버지다운 양심을 간직함으로써 그렇게 하는 것이다. 더 나아가 성숙한 사람은 어머니다운 양심과 아버지다운 양심이 서로 모순되는 듯이 보이는데도 이러한 두 양심을 모두 가지고 사랑한다. 그가 오로지 아버지다운 양심만을 간직한다면, 그는 난폭하고 잔인한 사람이 될 것이다. 그가 오로지 어머니다운 양심만을 간직한다면, 그는 판단력을 잃기 쉽고 자신이나 다른 사람의 발달을 방해하기 쉽다.

정신적 건강과 성숙의 기반은 어머니 중심의 애착에서 아버지 중심의 애착으로의 이와 같은 발달, 그리고 이러한 애착의 궁극적 종합에 있다. 이러한 발달이 실패하는 데 신경증의 근본 원인이 있다. 이 사상을 충분히 전개하는 것은 이 책의 범위를 넘는 일이기는 하지만, 간단히 몇 가지 점을 지적하면 앞에서 한 말을 명백히 하는 데 도움이 될 것이다.

어떤 소년이 애정은 있으나 지나치게 방임하거나 지나치게 간섭하는 어머니와 약하고 냉담한 아버지 밑에서 자라났다는 사실은 신경증의 원인이 된다. 이 경우 그는 어릴 때의 어머니에 대한 애착에 집착할 것이고, 따라서 어머니에게 의존하고 무력감을 느끼고 수용적 인간, 다시 말하면 받아들이고 보호받고 돌봐주기를 바라는 인간의 특징인 갈망을 갖게 되고, 따라서 아버지다운 성질—훈련, 독립심, 스스로 삶을 익혀나가는 능력—을 갖지 못한 사람으로 발달한다. 그는 누구에게서나, 때로는 여자에게서 때로는 권위와 권력이 따르는 지위에 있는 남자에게서 '어머니'를 찾으려고 한다.

한편 어머니가 냉담하고 동정심이 없고 지나치게 간섭한다면, 그는 어머니의 보호를 바라는 욕구를 아버지에게, 결과적으로 부친상父親像으로 전환하거나—이 경우 결과는 전자의 경우와 같다—또는 일방적으로 부친 지향적인 인간으로 발달해서 법률, 질서, 권위의 원칙에 순종할 뿐 무조건적 사랑을 기대하거나 받아들이는 능력은 갖지 못할 것이다. 이러한 발달은 아버지가 권위주의적이고 동시에 아들에게 강한 애착을 갖는 경우 더욱 강화된다. 이러한 모든 신경증적 발달의 특징은 한 원칙이, 어머니다운 것이든 아버지다운 것이든, 발달하지 못했거나 또는—이것은 더욱 심각한 신경증적 발달에서 볼 수 있는 일이다—어머니와 아버지의 역할이 바깥 사람들에 대해서나, 그의 내면에서의 이러한 역할에 대해서나 혼동되고 있다는 것이다.

좀 더 검토해보면 강박신경증 등 신경증의 어떤 유형은 아버지에 대한 일방적인 애착을 토대로 해서 생기고, 히스테리나 알코올 중독, 자신의 의견을 주장하고 현실적으로 생활에 대처하는 능력이 결여되거나 억압된 또 다른 신경증은 어머니 중심적인 태도에서 생기는 결과임을 알 수 있다.

3
사랑의 대상

본래 사랑은 특정한 사람과의 관계가 아니다. 사랑은 한 사람과, 사랑의 한 '대상'과의 관계가 아니라 세계 전체와의 관계를 결정하는 '태도', 곧 '성격의 방향'이다. 어떤 사람이 다른 한 사람만을 사랑하고 나머지 동포에게는 무관심하다면, 그의 사랑은 사랑이 아니라 공서적 애착이거나 확대된 이기주의다. 그럼에도 대부분의 사람들은 사랑은 능력에 의해서가 아니라 대상에 의해서 성립한다고 믿고 있다. 사실상 그들은 심지어 그들의 '사랑을 받는' 사람을 제외하고는 어느 누구도 사랑하지 않는 것이 그들의 사랑의 강렬함을 입증하는 길이라고 믿고 있다. 이것은 위에서 이미 말한 바와 동일한 오류다.

사랑은 활동이며 영혼의 힘임을 알지 못하기 때문에 사람들은 단지 올바른 대상을 찾아내는 것만이 필요하며, 그렇게 되면 그 밖의 일은 모두 저절로 될 것이라고 믿는다. 이 태도는 그림을 그리고 싶어하면서도 기술은 배우지 않고, 올바른 대상만을 고르면서 대상만 찾아내면 아름답게 그릴 수 있다고 주장하는 사람의 태도에 비유할 수 있다. 만일 내가 참으로 한 사람을 사랑한다면 나는 모든 사람을 사랑하고 세계를 사랑하고 삶을 사랑하게 된다. 만일 내가 어떤 사람에게 '나는 당신을 사랑한다'고 말할 수 있다면 '나는 당신을 통해 모든 사람을 사랑하고 당신을 통해 세계를 사랑하고 당신을 통해 나 자신도 사랑한다'고 말할 수 있어야 한다.

그러나 사랑은 한 사람이 아니라 모든 사람과 관계하는 성격의 방향이라고 말하는 것은, 사랑받는 대상에 따라 달라지는 여러 가지 사랑의 형태 사이에 차이가 없다는 것을 의미하지는 않는다.

형제애

사랑의 모든 형태의 바탕에 놓여 있는 가장 기본적인 사랑은 '형제애'이다. 나는 형제애라는 말로 책임, 보호, 존경, 다른 사람에 대한 지식, 다른 사람의 생명을 촉진하려는 소망 등을 나타내고 있다. 이것은 성서에서 네 이웃을 네 몸처럼 사랑하라고 말하는 것과 같은 종류의 사랑이다.

형제애는 모든 인간에 대한 사랑이다. 이 사랑의 특색은 배타성이 없다는 것이다. 내가 사랑의 능력을 발달시켜왔다면, 나는 내 형제들을 사랑하지 않을 수 없다. 형제애를 통해 사람들과의 결합과 인간적 유대와 인간적 일치를 경험한다. 형제애는 우리는 모두 하나라는 경험에 바탕을 두고 있다. 재능, 지능, 지식의 차이는 모든 사람에게 공통된 인간적 핵심의 동일성과 비교하면 무시해도 좋을 정도이다. 이러한 동일성을 경험하려면 주변에서 핵심으로 침투할 필요가 있다. 내가 다른 사람을 주로 표면적으로 지각한다면 나는 주로 차이점을 지각하게 되고, 이 차이점은 우리를 분리한다.

내가 핵심으로 파고들면, 나는 우리의 동일성, 곧 우리는 형제라는 사실을 지각하게 된다. 중심과 중심의 이러한 관계는—주변과 주변의 관계와는 달라서—'중심적 관계'이다. 또는 시몬 베유Simone Weil가 아름답게 표현한 바와 같이 "같은 말(예컨대 남자가 아내에게 '나는 당신을 사랑하오'라고 말하는 것)도 그 말을 하는 태도에 따라 평범할 수도 있고 특별할 수도 있다. 그리고 이러한 태도는 인간 존재의 핵심에 있는 영역—무엇을 할 수 있다는 의지 없이 이 말을 나오게 하는 영역—의 깊이에 달려 있다. 그리고 불가사의한 일치에 의해 이 말들은 이 말을 듣는 사람의 동일한 영역에 도달한다. 따라서 듣는 사람은, 약간의 분별력이라도 있다면, 이 말의 가치가 무엇인지를 가려낼 수 있다."[11]

형제애는 동등한 자 사이의 사랑이다. 그러나 실제로 우리는 동등한 존재라 하더라도 항상 '동등'하지는 않다. 우리가 인간인 한, 우리에게는 항상 도움이 필요하다. 그러나 이러한 필요는, 한 사람은 무력하고 또 한 사람은 강력하다는 것을 뜻하지는 않는다. 무력 상태는 일시적 상태이고, 스스로의 발로 서서 걷는 것은 영원하고 공통된 상태이다.

그렇지만 무력한 인간에 대한 사랑, 가난한 자와 이방인에 대한 사랑은 형제애의 시작이다. 육친을 사랑하는 것은 훌륭한 일이 아니다. 짐승도 새끼를 사랑하고 보호한다. 무력한 자는, 그의 생명이 주인에게 달려 있기 때문에, 주인을 사랑한다.

어린아이는 어버이가 필요하기 때문에 어버이를 사랑한다. 어떤 목적에 이바지하지 않는 사랑에 있어서만 사랑은 펼쳐지기 시작한다. 구약성서에서 인간이 사랑해야 할 중요한 대상이 가난한 자, 이방인, 과부, 고아, 끝으로 국가의 적, 곧 이집트인과 에돔인이라고 한 것은 중요한 사실이다.

무력한 사람을 동정함으로써, 인간은 형제에 대한 사랑을 발달시키기 시작한다. 그리고 자기 자신에 대한 사랑에서도 인간은 도움이 필요한, 곧 약하고 위태로운 자기를 사랑한다. 동정에는 지식과 동일시라는 요소가 포함되어 있다. 구약성서에서는 "너희는 이방인의 마음을 알고 있다. 너희는 이집트 땅에서는 이방인이기 때문에…… 그러므로 이방인을 사랑하라"[12]고 말하고 있다.

모성애

어머니의 사랑과 아버지의 사랑의 차이를 말한 앞 장에서 우리는 이미 모성애의 본성에 대해 다루었다. 모성애는, 앞에서 말한 바와 같이, 어린아이의 생명과 욕구에 대한 무조건적 긍정이다. 그러나 여기서는 이러한 설명에 중요한 한 가지를 덧붙이지 않을 수 없다.

어린아이의 생명의 긍정에는 두 측면이 있다. 하나는 어린아이의 생명 유지와 성장에 절대로 필요한 보호와 책임이다. 또 하나는 단순한 생명의 유지를 훨씬 능가하는 것이다. 이것은 어린아이에게 삶에 대한 사랑을 천천히 가르쳐주고, '산다는 것은 좋은 일이고, 소년 또는 소녀인 것은 좋은 일이고, 이 지상에 있다는 것은 좋은 일이다!'라는 감정을 갖게 하는 태도이다. 모성애의 이러한 두 측면은 성서의 천지창조 이야기에 매우 간결하게 표현되어 있다. 신은 세계를 창조하고 인간을 창조한다. 이것은 존재의 단순한 보호 및 긍정과 대응되는 것이다. 그러나 신은 이 최소한의 요구를 넘어선다. 자연―그리고 인간―이 창조된 뒤, 매일같이 신은 '참으로 좋다'고 말했다. 이 두 번째 단계에서 모성애는 어린아이로 하여금 태어난 것은 좋은 일이라고 느끼게 해준다.

모성애는 어린아이에게 살려고 하는 소망뿐 아니라 '삶에 대한 사랑'을 천천히 길러준다. 이러한 사상은 성서의 다른 이야기에서도 상징적으로 표현되어 있다. 약속된 땅(땅은 언제나 어머니의 상징이다)은 '젖과 꿀이 넘쳐흐른다'고 묘사되고 있다. 젖은 사랑의 첫 번째 측면, 곧 보호와 긍정적 측면의 상징이다. 꿀은 삶의 달콤함, 삶에 대한 사랑, 살아 있다는 행복감을 상징한다.

대부분의 어머니가 '젖'을 줄 수 있으나 '꿀'까지 줄 수 있는 어머니는 소수에 지나지 않는다. 꿀을 줄 수 있으려면 어머니는 '좋은 어머니'일 뿐 아니라 행복한 사람이어야 한다. 그런데 이 목표에 도달하는 사람은 많지 않다. 어린아이에게 미치는 영향은 아무리 심하게 말해도 과장이 될 수 없다. 삶에 대한 사랑과 마찬가지로 어머니의 불안도 감염된다. 이 두 태도는 어린아이의 퍼스낼리티 전체에 깊은 영향을 미친다. 우리는 실제로 어린아이—그리고 어른—사이에서 '젖'만 먹은 자와 '젖'과 '꿀'을 먹은 자를 가려낼 수 있다.

동등한 자 사이의 사랑인 형제애나 성애와는 대조적으로 어머니와 어린아이의 관계는 본질적으로 불평등한 관계이며, 이 관계에서 한쪽은 전적으로 도움을 구하고 다른 한쪽은 도움을 준다. 모성애를 최고의 사랑, 모든 감정적 유대 중 가장 거룩한 것으로 여겨온 것은 이러한 이타적이고 비이기적인 성격 때문이다.

그러나 모성애는 연약한 갓난아이에 대한 어머니의 사랑이 아니라 성장하는 어린아이에 대한 어머니의 사랑에서 진정한 실현을 보는 것 같다. 사실상 대부분의 어머니는 갓난아이가 연약하고 아직도 완전히 어머니에게 의존하고 있을 때에만 사랑을 주는 어머니 역할을 하고 있다. 대부분의 여자는 어린아이를 원하고 갓난아이가 태어나면 행복해하며 열심히 돌본다. 어린아이의 웃음이나 만족하는 표정 말고는 어린아이에게서 아무런 보상도 받지 못하는데도 그러하다. 이러한 사랑의 태도는 부분적으로는 인간의 여성은 물론 동물에서도 찾아볼 수 있는 본능적 기제機制에 뿌리박고 있는 것 같다.

그러나 이런 본능적 요소의 중요성이 어떻든 간에, 여기엔 또한 각별히 인간적인 심리적 요소가 있고 이 요소는 이러한 형태의 모성애의 원인이 된다. 우리는 모성애에서 자아도취적 요소를 찾아볼 수 있다. 어린아이를 아직도 자신의 일부라고 느끼고 있는 한, 어머니의 사랑과 탐닉은 그녀를 자아도취적으로 만족시킨다. 힘 또는 소유에 대한 어머니의 소망에서 또 하나의 동기를 찾아볼 수 있다. 어린아이는 무력하고 어머니의 의지에 완전히 종속되어 있기 때문에, 지배욕과 소유욕을 가진 여자에게는 자연히 만족스러운 대상이 된다.

흔히 이러한 동기를 볼 수 있기는 하지만, 이러한 동기는 아마도 초월에의 요구라고 부를 수 있는 동기보다 덜 중요하고 덜 보편적이리라. 이러한 초월에의 요구는 인간은 자기 자신을 알고 있다는 사실, 인간은 피조물로서 만족하지 못한다는 사실, 인간은 자기 자신을 컵에서 던져진 주사위로서 받아들일 수는 없다는 사실에 뿌리박고 있는 인간의 가장 기본적인 요구 가운데 하나이다.

인간은 자기 자신을 창조자, 창조된 자의 수동적 역할을 초월한 자로 느낄 필요가 있다. 이러한 창조적 욕구를 만족시키는 여러 가지 방법이 있다. 창조적 욕구를 충족하는 가장 자연스러우면서도 손쉬운 방법은 어머니로서 자신의 창조물을 보호하고 사랑하는 것이다. 어머니는 어린아이를 통해 자기 자신을 초월하고, 어린아이에 대한 어머니의 사랑은 그녀의 생활에 의미와 중요성을 부여한다(어린아이를 낳음으로써 초월에의 욕구를 만족시킬 수 없는 남성의 경우에는 인공적 사물과 사상을 창조함으로써 자기 자신을 초월하려는 충동이 있다).

그러나 어린아이는 성장하지 않으면 안 된다. 어린아이는 결국 완전히 분리된 인간이 되지 않을 수 없다. 모성애의 참된 본질은 어린아이의 성장을 돌봐주는 것이며, 이것은 그녀로부터 어린아이가 분리되기를 바라고 있다는 뜻이다. 이 점에 성애와의 기본적 차이가 있다. 성애에서는 분리된 두 사람이 한 몸이된다. 모성애에서는 한 몸이었던 두 사람이 분리된다. 어머니는 어린아이의 분리를 관용할 뿐 아니라 바라고 후원해주어야 한다. 이 단계에서 모성애는 비이기성, 곧 모든 것을 주면서도 사랑하는 자의 행복 말고는 아무것도 바라지 않는 능력을 요구하는 어려운 과업으로 변한다. 또한 이 단계에서 많은 어머니는 모성애라는 그들의 과업에서 실패를 겪는다. 자아도취적이고 지배욕과 소유욕이 있는 여자는 어린아이가 연약할 때만 '사랑하는' 어머니로서 성공할 수 있다. 오직 참으로 사랑할 줄 아는 여자, 받기보다 주는 데서 더 많은 행복을 느끼는 여자, 그녀 자신의 실존에 깊이 뿌리박고 있는 여자만이 어린아이가 분리 과정을 밟고 있을 때도 사랑하는 어머니일 수 있다. 자라나는 어린아이에 대한 어머니의 사랑, 곧 자기 자신을 위해서는 아무것도 바라지 않는 사랑은 아마도 가장 달성하기 어려운 사랑의 형태일 것이며, 어머니가 연약한 어린아이를 사랑하는 것은 쉬운 일이기 때문에 자칫하면 기만적인 것이 되기 쉽다.

그러나 바로 이러한 난점 때문에 여자가 '사랑할' 수만 있다면, 다시 말하면 그녀가 그녀의 남편, 다른 애들, 낯선 사람들, 모든 인간을 사랑할 수만 있다면 여자는 참으로 사랑하는 어머니가 될 수 있다. 이러한 의미의 사랑을 할 수 없는 여자는 어린아이가 연약한 동안에는 상냥한 어머니일 수 있으나 사랑하는 어머니일 수는 없다. 사랑하는 어머니인가 아닌가를 가려내는 시금석은 분리를 견디어낼 수 있는가, 분리된 다음에도 계속 사랑할 수 있는가 하는 것이다.

성애

형제애는 동등한 자들 사이의 사랑이고 모성애는 무력한 자에 대한 사랑이다. 이러한 사랑은 각기 다르지만 근본적으로 한 사람에게만 국한되지 않는다는 공통점을 갖고 있다. 내가 내 형제 중 누군가를 사랑한다면, 나는 내 형제 모두를 사랑하는 것이고, 내가 내 아이 중에서 어떤 아이를 사랑한다면, 나는 내 아이들 모두를 사랑하는 것이다. 아니 더 나아가 나는 모든 아이, 나의 도움이 필요한 모든 아이를 사랑하는 것이다. 이러한 두 가지 형태의 사랑과 대조적인 것이 '성애'이다. 성애는 완전한 융합, 곧 다른 한 사람과 결합하고자 하는 갈망이다. 성애는 본질적으로 배타적이며 보편적인 것은 아니다. 성애는 아마도 현존하는 사랑의 형태 중 가장 기만적인 것일지도 모른다.

우선 성애는 흔히 사랑에 '빠진다'는 폭발적인 경험, 곧 그 순간까지도 낯선 두 사람 사이에 있던 장벽이 갑자기 무너져버리는 경험과 혼동된다. 그러나 앞에서 지적한 바와 같이 갑작스럽게 친밀해지는 이러한 경험은 본질적으로 오래가지 못한다. 낯선 사람들이 친밀하게 아는 사이가 되면 이미 극복해야 할 장벽도 없고, 더는 갑작스럽게 접근할 수도 없다. '사랑받는' 사람을 자기 자신처럼 잘 알게 된다. 어쩌면 거의 모른다고 말해야 옳을지도 모르겠다. 만일 상대방에 대해 더욱 깊이 있는 경험을 한다면, 그의 퍼스낼리티의 무한성을 경험할 수 있다면, 상대방이 이와 같이 친밀해지는 일은 결코 없을 것이며, 장벽을 극복하는 기적은 매일 새로이 일어날 것이다.

그러나 대부분의 사람들의 경우, 타인만이 아니라 자기 자신도 곧 탐구되고 곧 철저히 규명된다. 그들의 경우, 친밀감은 우선 성적 교섭을 통해 확립된다. 사람들은 상대방의 분리를 우선 신체적 분리로 경험하기 때문에 신체적 결합은 분리 상태의 극복을 의미하게 된다.

이 밖에도 많은 사람들에게 분리의 극복을 나타내는 또 다른 요인들이 있다. 자기 자신의 개인 생활, 자신의 희망과 불안을 말하는 것, 자신의 어린아이 같은 유치한 면을 보이는 것, 세계에 대해 공통된 관심을 확립하는 것, 이 모든 일은 분리를 극복하는 것으로 받아들여진다. 자신의 분노, 증오, 그리고 자제심의 완전한 결여를 드러내는 것도 친밀감으로 여겨진다. 이것은 흔히 부부가 서로에 대해 갖고 있는 변태적인 매력—이 부부는 잠자리에 들었거나 서로에게 증오와 분노를 발산할 때만 친밀하다—을 설명해줄 것이다. 그러나 이러한 모든 형태의 친밀감은 시간이 지남에 따라 점점 희박해지는 경향이 있다.

그 결과 사람들은 새로운 사람, 새로운 타인과의 사랑을 추구하게 된다. 이 타인은 다시금 '친밀한' 사람으로 변하고, 사랑에 빠지는 경험은 다시금 유쾌하고 강렬하지만, 이 경험은 다시금 차츰 덜 강렬한 것이 되고 마침내 새로운 정복, 새로운 사랑을—언제나 새로운 사랑은 이전의 사랑과는 다르리라는 환상을 품고—바라게 된다. 성적 욕망의 기만적 성격은 이러한 환상에 많은 도움을 준다.

성적 욕망은 융합을 지향하지만, 결코 육체적 욕망이나 고통스러운 긴장의 해소에만 국한되지는 않는다. 그러나 성적 욕망은 사랑에 의해 자극되는 것과 마찬가지로 고독의 불안에 의해, 정복하려는 또는 정복당하려는 소망에 의해, 허영심에 의해, 상처를 내고 심지어 파괴하려고 하는 소망에 의해 자극된다. 성적 욕망은 강렬한 정서와 쉽게 뒤섞이고, 그것에 의해 쉽게 자극되며 사랑은 강렬한 정서의 한 종류에 지나지 않게 된다. 성적 욕망은 대부분의 사람들 마음속에서 사랑이라는 관념과 짝을 이루고 있기 때문에 사람들은 육체적으로 서로를 원할 때 서로 사랑하고 있다는 잘못된 결론에 도달하기 쉽다.

사랑은 성적 결합의 소망을 일으킬 수 있다. 이 경우, 육체적 관계에는 탐욕이나 정복하려는 또는 정복당하려는 소망은 없고 부드러움이 섞일 뿐이다. 육체적으로 결합하려는 욕망이 사랑에 의해 자극되지 않는다면, 성애가 동시에 형제애가 아니라면, 이러한 욕망은 도취적이며 일시적인 합일 이외의 합일에는 결코 도달하지 못한다. 성적 매력은 순간적으로 합일의 환상을 일으키지만 사랑이 없는 한, 이러한 '합일'은 낯선 사람들을 이전과 마찬가지로 멀리 떨어져 있게 한다. 때로는 이러한 '합일'은 서로

부끄러워하게 하거나 심지어 서로 미워하게 만든다. 환상이 사라질 때 그들은 이전보다도 더욱 뚜렷하게 격리감을 느끼기 때문이다. 부드러움은, 프로이트가 믿고 있는 바와는 달라서, 결코 성적 본능의 승화가 아니다. 부드러움은 형제애의 직접적 결과이고, 비신체적 형태의 사랑과 마찬가지로 신체적 형태의 사랑에도 있다.

성애에는, 형제애와 모성애에는 없는 독점욕이 있다. 성애의 이러한 배타적 성격은 좀 더 검토할 필요가 있다. 흔히 성애의 독점욕은 소유적 애착으로 오해되고 있다. 우리는 흔히 서로 '사랑하고' 있는 두 사람이 다른 사람에게는 전혀 사랑을 느끼지 못하는 것을 볼 수 있다. 그들의 사랑은 사실은 두 사람 사이의 이기주의다. 그들은 서로를 동일시하는 두 사람이고, 그들은 단일한 개인을 둘로 확대함으로써 분리의 문제를 해결한다. 그들은 고독의 극복을 경험하지만, 그들 이외의 다른 사람들과는 분리되어 있으므로 여전히 서로 분리된 채로 있고 그들 자신으로부터 소외되어 있다. 곧 그들의 합일 경험은 환상이다. 성애는 배타적이지만 다른 사람을 통해 전 인류를, 모든 살아 있는 자를 사랑할 수 있다. 나는 나 자신을 오직 한 사람과만 충분하고 강렬하게 융합시킬 수 있다는 의미에서만 성애는 배타적이다. 성애적 융합, 곧 생명의 모든 면에 있어서의 완전한 위임이라는 의미에서만 성애는 다른 사람에 대한 사랑을 배척하며, 깊은 형제애라는 면에서는 그렇지 않다.

성애는, 만일 이것이 사랑이라면, 한 가지 전제를 갖고 있다. 나는 나의 존재의 본질로부터 사랑하고 있고, 다른 사람을 그의, 또는 그녀의 존재의 본질에서 경험하고 있다는 전제를. 본질적으로 모든 인간은 동일하다. 우리는 모두 하나의 한 부분이고 우리는 모두 하나다. 이와 같다면, 우리가 누구를 사랑하든 차이는 없을 것이다.

사랑은 본질적으로 의지의 행위, 곧 나의 생명을 다른 한 사람의 생명에 완전히 위임하는 결단의 행위여야 한다. 이것은 결혼은 결코 파기할 수 없다는 사상의 배경을 이루며, 또한 두 배우자가 결코 서로 선택하는 것이 아니라 서로 선택되어 서로 사랑할 것을 기대하는 여러 가지 형태의 전통적 결혼의 배경을 이루고 있다. 현대 서구 문화에서는 이러한 사상은 전적으로 잘못된 것으로 생각되고 있다. 사랑은 자발적이고 감정적인 반응의 결과이며, 거역할 수 없는 감정에 갑자기 사로잡힌 결과로 생각되고 있다. 이러한 견해에서는 관련된 두 개인의 특수성을 볼 뿐, 모든 남자는 아담의 한 부분이고 모든 여자는 이브의 한 부분이라는 사실을 보지 못한다.

우리는 성애의 중요한 요인, 곧 '의지'라는 요인을 무시하고 있다. 어떤 사람을 사랑한다는 것은 결코 강렬한 감정만은 아니다. 이것은 결단이고 판단이고 약속이다. 만일 사랑이 감정일 뿐이라면, 영원히 서로 사랑할 것을 약속할 근거는 없을 것이다. 감정은 생겼다가 사라져버릴 수 있다. 내 행위 속에 판단과 결단이 포함되어 있지 않다면, 어떻게 내가 이 사랑이 영원하리라고 판단할 수 있을 것인가?

이러한 견해를 고려할 때, 우리는 사랑이 철저하게 의지와 위임의 행위이고 따라서 기본적으로 두 사람이 어떤 사람이든 상관이 없다는 태도에 도달할 수도 있다. 결혼이 다른 사람에 의해 주선되든, 개인적 선택의 결과이든 일단 결혼이 성립하면 의지의 행위가 사랑의 계속을 보증할 것이다. 이 견해는 인간성과 성애의 역설적 성격을 무시하고 있는 듯하다.

우리는 모두 하나이지만 우리는 각기 독특하고 복제할 수 없는 실재이다. 우리와 타인의 관계에서는 동일한 역설이 되풀이된다. 우리가 모두 하나인 한, 우리는 형제애라는 의미에서 모든 사람을 같은 방식으로 사랑할 수 있다. 그러나 또한 우리가 서로 다른 한, 성애는 어떤 사람들 사이에는 있지만 모든 사람 사이에는 없는, 특수하고 매우 개별적인 요소를 요구한다.

따라서 이 두 가지 견해, 곧 성애는 특수한 두 사람 사이의 독특하고 완전히 개인적인 매력이라는 견해와 성애는 의지의 행위에 지나지 않는다는 또 다른 견해는 모두 옳다. 혹은 더욱 적절하게 말하면, 진실은 전자에도 후자에도 없다. 그러므로 사랑은 우리가 성공하지 못하는 한 쉽게 해소될 수 있는 관계라는 사상도, 또한 어떠한 환경 밑에서도 이 관계는 해소되어서는 안 된다는 사상도 마찬가지로 잘못이다.

자기애[13]

사랑의 개념을 여러 가지 대상에 적용하는 데 반대하지 않으면서도, 다른 사람을 사랑하는 것은 덕이지만 자기 자신을 사랑하는 것은 죄라는 신념이 널리 퍼져 있다. 나 자신을 사랑할수록 남을 사랑하지 못하며, 자기애는 이기심과 같다고 생각되고 있다. 이러한 견해는 서양 사상에서는 멀리까지 거슬러 올라간다.

장 칼뱅은 자기애를 '페스트'라고 말한다.[14] 프로이트는 정신의학적 용어로 자기애를 말하고 있으나 그럼에도 그의 가치 판단은 칼뱅의 가치 판단과 다르지 않다. 프로이트는 자기애를 자아도취, 곧 리비도를 자기 자신에게 돌리는 것으로 생각했다. 자아도취는 인간의 발달에서 매우 초기 단계이고, 후에 이 자아도취적 단계로 다시 돌아오는 사람은 사랑할 줄 모르게 된다. 극단적인 경우에 이 사람은 미치게 된다. 프로이트는 사랑을 리비도의 나타남이라고 보고 리비도는 다른 사람을 향하거나(사랑), 또는 자기 자신을 향한다(자기애)고 가정한다. 이와 같이 사랑과 자기애는 한쪽이 많을수록 다른 쪽이 줄어든다는 의미에서 상호 배타적이다. 자기애가 나쁘다면 비이기적인 것은 덕이 될 수밖에 없다.

그렇다면 다음과 같은 의문이 생긴다. 곧 심리학적 관찰은, 자기 자신에 대한 사랑과 다른 사람에 대한 사랑 사이에는 근본적 모순이 있다는 명제를 뒷받침하고 있는가? 자기 자신에 대한 사랑은 이기심과 같은 현상인가, 또는 오히려 그 반대인가? 더 나아가 현대인의 이기심은 정말로 모든 지적·감정적·감각적 능력을 가진 개인으로서의 '자기 자신에 대한 관심'인가? '그'는 그의 사회적·경제적 역할의 부속품이 되지 않았는가? 그의 이기심은 자기애와 동일한가, 또는 이기심은 자기애의 결여로 생기는가?

이기심과 자기애의 심리학적 측면을 검토하기 전에, 자기 자신에 대한 사랑은 상호 배타적이라고 하는 견해에 나타나 있는 논리적 오류를 강조하지 않을 수 없다. 만일 나의 이웃을 인간으로서 사랑하는 것이 덕이라면, 나 역시 인간이므로 나 자신을 사랑하는 것도 악덕이 아니라 미덕이어야 한다.

나 자신이 포함되지 않은 인간 개념은 있을 수 없다. 나 자신을 제외하는 이론은 그 자체에 본질적인 모순이 있음을 입증하고 있다. "네 이웃을 네 몸처럼 사랑하라"는 성서의 말에 표현된 사상은 자기 자신의 통합성과 특이성에 대한 존경이 다른 개인에 대한 존경과 사랑과 이해로부터 분리될 수 없다는 것을 의미한다. 나 자신의 자아에 대한 사랑은 다른 존재에 대한 사랑과 불가분의 관계를 갖고 있다.

이제 우리는 기본적인 심리학적 전제들에 도달했고, 이 전제들 위에서 논의의 결론을 내리게 된다. 일반적으로 말하면 이 전제들은 다음과 같다. 다른 사람만이 아니라 우리 자신도 우리의 감정과 태도의 '대상'이며, 다른 사람과 우리 자신에 대한 태도는 모순되기는커녕 기본적으로 '결합적'인 것이다. 지금 토의하고 있는 문제와 관련해서 말하면 다음과 같다.

다른 사람에 대한 사랑과 우리 자신에 대한 사랑은 양자택일적인 것이 아니다. 반대로 자기 자신을 사랑하는 태도는 다른 사람을 사랑할 줄 아는 모든 사람에게서 발견될 것이다. '대상'과 '우리 자신의 자아' 사이의 관련이 문제되는 한, '사랑'은 원칙적으로 '불가분의 것'이다. 순수한 사랑은 생산성의 표현이고 보호, 존경, 책임, 지식을 의미한다. 순수한 사랑은 누군가에 의해 야기된다는 의미에서의 '감정'이 아니라 사랑받는 자의 성장과 행복에 대한 능동적 갈망이며, 이 갈망은 자신의 사랑의 능력에 근원이 있다.

어떤 사람을 사랑한다는 것은 사랑할 줄 아는 힘의 실현이고 집중화이다. 사랑에 내포되어 있는 기본적 긍정은 본질적으로 인간 성질의 구현으로서 사랑하는 사람을 지향하고 있다. 한 사람에 대한 사랑에는 인간 자체에 대한 사랑이 내포되어 있다.

윌리엄 제임스William James가 말하는 이른바 '일종의 노동 분업'—이러한 분업에 의해 우리는 우리 가족을 사랑하지만 '타인'

에 대해서는 아무런 감정도 갖지 못한다―은 사랑에 대한 기본적 무능력을 보여주는 표시이다. 인간에 대한 사랑은, 흔히 생각되는 것처럼 특별한 사람에 대한 사랑에 뒤따르는 추상적인 것이 아니라, 비록 발생적으로는 특별한 개인에 대한 사랑에서 획득된다 하더라도 특별한 사람을 사랑하는 전제이다.

여기서 다음과 같은 결론이 나온다. 곧 나 자신의 자아도 다른 사람과 마찬가지로 나의 사랑의 대상이 되지 않으면 안 된다. '우리 자신의 생명, 행복, 성장, 자유에 대한 긍정'은 '우리 자신의 사랑의 능력', 곧 보호, 존경, 책임, 지식에 근원이 있다. 만일 어떤 개인이 생산적으로 사랑할 수 있다면, 그는 자기 자신도 사랑할 수 있다. 만일 그가 오직 다른 사람만을 사랑할 수 있다면, 그는 전혀 사랑할 줄 모르는 사람이다.

자기 자신에 대한 사랑과 다른 사람에 대한 사랑이 원칙적으로 결합되어 있다면, 다른 사람에 대한 순수한 관심을 분명히 배척하고 있는 이기심을 어떻게 설명할 수 있는가? '이기적인' 사람은 자기 자신에게만 관심이 있고 모든 것을 자기 자신을 위해 원하며, 주는 데서는 기쁨을 느끼지 못하고 받는 데서만 기쁨을 느낀다. 그는 거기서 무엇을 얻어낼 수 있는가 하는 관점에서만 외부 세계를 본다. 그는 다른 사람의 욕구에는 흥미가 없고 다른 사람의 존엄성과 통합성을 존중하지 않는다. 그는 오직 자기 자신만을 생각한다. 그는 자기 자신에 대한 유용성을 기준으로 모든 사람과 사물을 판단한다. 그는 기본적으로 사랑할 줄 모른다. 이것은 다른 사람에 대한 관심과 자기 자신에 대한 관심은 불가피하게 양자택일적임을 증명하지 않는가?

만일 이기심과 자기애가 동일하다면 그럴 것이다. 그러나 이러한 가정은 우리가 다루고 있는 문제에 대해 여러 가지 잘못된 결론을 내리게 하는 오류이다. 이기심과 자기애는 동일한 것이기는커녕 정반대되는 것이다. 이기적인 사랑은 자기 자신을 엄청나게 사랑하는 것이 아니라 거의 사랑하지 않는다. 사실상 그는 자기 자신을 미워한다.

자기 자신에 대한 애착과 배려의 결여―이것은 그의 생산성의 결여에 대한 한 표현에 지나지 않는다―는 그를 공허하게 만들고 좌절시킨다. 그는 필연적으로 불행하며 생활에서 만족을 얻기 위해 초조해하지만 스스로 이 만족의 달성을 가로막고 있다. 그는 지나칠 정도로 자기 자신을 돌보고 있는 것 같지만 사실은 진정한 자아를 돌보는 데 실패한 것을 은폐하고 보상을 받으려고 노력하고 있을 뿐이며, 이러한 노력은 실패로 끝난다. 프로이트는 이기적인 사람은 자신의 사랑을 다른 사람들로부터 철수시켜 자기 자신에게 돌리는 것과 같으므로 자아도취적이라고 주장한다. 이기적인 사람이 다른 사람을 사랑하지 못한다는 것은 사실이지만, 그는 또한 자기 자신을 사랑하지도 못한다.

예컨대 지나치게 걱정하는 어머니에게서 볼 수 있는 바와 같은, 다른 사람에 대한 탐욕스러운 관심과 비교하면 이기심을 이해하기가 더욱 쉬워진다. 이 어머니는 자신의 아이를 특별히 좋아한다고 의식적으로 믿지만, 사실은 자신의 관심의 대상에 대해 깊이 억압되어 있는 적의를 갖고 있다. 이 어머니는 자식을 몹시 사랑하기 때문이 아니라 자식을 사랑할 능력이 전혀 없는 것을 보상하려고 지나친 관심을 갖는다.

이기심의 본질에 대한 이 이론은 신경증의 한 증상인 신경증적 '비이기주의'—이것은 흔히 이 증상만이 아니라 이 증상과 관련된 다른 증상, 곧 억압, 피로, 노동에 있어서의 무능력, 애정 관계에서의 실패 등으로 시달리고 있는 적잖은 사람들에게서 관찰되는 신경증 증상이다—에 대한 정신분석적 경험으로부터 탄생한 것이다. 이러한 비이기주의는 '증상'으로 느껴지지지 않을 뿐 아니라 흔히 이러한 사람들이 자랑하고 있는 구원적인 성격이며 특색이다.

'비이기적인' 사람은 '자기 자신을 위해서는 아무것도 바라지 않고', '다른 사람을 위해서 살 뿐이고' 자기 자신을 소중하게 여기지 않는 것을 자랑한다. 그는 자신의 비이기주의에도 불구하고 불행하며 자신과 가장 가까운 사람들과의 관계조차도 원활하지 못한 데 대해 당황스러워한다. 분석적 연구에 따르면, 그의 비이기주의는 그의 다른 증상과 분리된 것이 아니라 그것들 가운데 하나이며 사실은 가장 중요한 증상일 때가 흔하다. 그에게는 사랑하는 능력이나 즐기는 능력이 마비되어 있고, 그는 삶에 대한 적의로 가득 차 있으며, 비이기주의라는 표면 뒤에는 미묘하지만 매우 강렬한 자기 본위가 숨어 있다. 그의 비이기주의가 다른 증상과 함께 증상으로 해석되어서 그의 비이기주의와 다른 고통의 근원인 생산성의 결여가 고쳐질 때에만 이 사람은 치유될 수 있다.

비이기주의의 본질은 다른 사람에게 미치는 영향에서 특히 명백히 나타나고, 우리 문화에서는 '비이기적'인 어머니가 자녀에게 미치는 영향에서 가장 자주 나타난다. 이 어머니는 자신의 비이기심을 통해 자녀들이 사랑받는 것이 무엇이며 사랑하는 것이 무엇인지를 배우는 경험을 하게 될 거라고 믿는다.

그러나 그녀의 비이기심의 영향은 그녀의 기대와 전혀 일치하지 않는다. 아이들은 사랑받고 있다고 확신하는 사람들이 나타내는 행복감을 보여주지 않는다. 그들은 불안해하고, 긴장해 있고, 어머니의 비난을 두려워하고, 어머니의 기대에 따라 살려고 애를 쓴다. 보통, 그 아이들은 어머니의 삶에 대한 적의에 영향을 받는데, 이러한 적의를 명백히 인식한다기보다는 막연히 느낄 뿐이며 마침내 그들도 이러한 적의에 감염된다. 결국 '비이기적'인 어머니가 미치는 영향은 이기적인 어머니의 영향과 별로 다르지 않다. 사실상 비이기적인 어머니의 영향이 더욱 나쁜 경우가 많다. 자녀들은 어머니의 비이기주의 때문에 어머니를 비판하지 못하기 때문이다. 아이들은 어머니를 실망시켜서는 안 된다는 압박을 받는다. 아이들은 덕德이라는 가면 아래서 삶에 대한 혐오를 배운다.

만일 순수한 자기애를 가진 어머니의 영향을 연구할 기회를 갖는다면, 우리는 자녀들에게 사랑, 기쁨, 행복이 무엇인가를 경험하게 하는 데 있어서 자기 자신을 사랑하는 어머니의 사랑보다 더 전도력이 있는 것은 없다는 것을 알게 되리라.

자기애에 대한 이러한 사상은 마이스터 에크하르트Meister Eckhart 의 다음과 같은 말에 가장 잘 요약되어 있다. "만일 그대가 그대 자신을 사랑한다면, 그대는 모든 사람을 그대 자신을 사랑하듯 사랑할 것이다. 그대가 그대 자신보다도 다른 사람을 더 사랑하는 한, 그대는 정녕 그대 자신을 사랑하지 못할 것이다. 그러나 그대 자신을 포함해서 모든 사람을 똑같이 사랑한다면, 그대는 그들을 한 인간으로 사랑할 것이고 이 사람은 신인 동시에 인간이다. 따라서 그는 자기 자신을 사랑하면서 마찬가지로 다른 모든 사람도 사랑하는 위대하고 올바른 사람이다."[15]

신에 대한 사랑

앞에서는 분리의 체험과, 여기서 생기는 분리 상태의 불안을 합일의 경험에 의해 극복하려는 욕구가 사랑에 대한 우리 욕구의 기반임을 검토했다. 사랑의 종교적 형태, 이른바 신에 대한 사랑도 심리학적으로 말하면 별로 다른 점이 없다. 신에 대한 사랑은 분리 상태를 극복하고 합일을 이룩하려는 욕구에서 생긴다. 사실상 신에 대한 사랑은 인간에 대한 사랑과 마찬가지로 여러 가지 다른 성질과 측면을 갖고 있다. 그리고 여기서 발견되는 차이도 대체로 인간에 대한 사랑의 차이와 동일하다.

모든 유신론적 종교에서는, 그것이 다신론多神論이든 일신론一神論이든, 신은 최고의 가치, 가장 바람직한 선善이다. 그러므로 신에 대한 특별한 의미는 한 사람에게 가장 바람직한 선이 무엇인가에 달려 있다. 그러므로 신의 개념에 대한 이해는 신을 숭배하는 사람의 성격 구조를 분석하는 데서 시작되어야 한다.

우리가 알고 있는 한, 인류의 발달은 자연으로부터, 어머니로부터, 피와 땅의 속박으로부터 인간이 탈출한 데 특징이 있다. 인간 역사의 시초에 인간은 자연과의 본래의 합일로부터 내던져지기는 했지만, 아직도 이러한 원초적 결합에 집착하고 있다. 인간은 이러한 원초적 결합으로 거슬러 올라가거나 또는 이러한 원초적 결합에 집착함으로써 자신의 안전을 찾아낸다.

인간은 아직도 동물 및 나무의 세계와 일체감을 갖고 있고 자연 세계와 하나로 남음으로써 합일을 발견하려고 한다. 여러 가지 원시 종교는 이러한 발달 단계를 증언하고 있다. 동물은 토템으로 변하고, 사람들은 가장 엄숙한 종교적 행위나 싸움터에서는 동물 가면을 쓰고 동물을 신으로 숭배한다. 좀 더 발달한 단계에서 인간의 기술이 직공과 예술가의 기술로 발달되었을 때, 인간이 더는 자연의 선물—인간이 찾아낸 과일과 인간이 죽인 동물—에만 전적으로 의존하지 않게 되었을 때, 인간은 순수 만들어낸 것을 신으로 바꿔놓는다. 이것은 점토, 금, 은으로 만든 우상을 숭배하는 단계이다.

인간은 자신의 힘과 기술을 자신이 만드는 사물에 투입하며, 따라서 소외된 형식으로 자신의 솜씨와 자신의 소유물을 숭배한다. 더욱 발달된 단계에서는 인간은 신에게 인간의 형태를 부여한다. 인간이 좀 더 자기 자신을 알게 되고 세계에 있어서 인간이 최고의, 그리고 가장 고귀한 존재임을 발견하게 되었을 때 비로소 이러한 일이 일어날 수 있는 것 같다. 신인동형神人同形의 신을 숭배하는 이 단계에서 우리는 두 가지 방향의 발달을 발견한다. 한쪽 방향은 신의 본성이 남성적이라든가 여성적이라든가 하는 것과 관련되고, 또 한쪽 방향은 인간이 도달한 성숙도, 그리고 신의 본성과 신에 대한 인간의 사랑의 본성을 결정하는 정도와 관련된다.

우선 어머니 중심의 종교로부터 아버지 중심의 종교로의 발달을 말하기로 하자. 19세기 중엽 바흐오펜Bachofen과 모르간Morgan의 위대하고 결정적인 발견에 따르면, 그들의 발견이 가장 학문적인 분야에서는 반대에 직면하긴 했어도, 적어도 여러 문화에서 부계적 종교에 앞서 종교의 모계적 시기가 있었던 것은 의심의 여지가 없다. 모계적 시기에 최고의 존재는 어머니이다. 어머니는 여신이고 또한 가족과 사회의 권위자이다.

모계적 종교의 본질을 이해하려면 우리는 모성애의 본질에 대해 이미 말한 것을 상기하는 것으로 충분하다. 어머니의 사랑은 무조건적이고 모든 것을 보호하고 감싼다. 어머니의 사랑은 무조건적이기 때문에 통제되거나 획득될 수도 없다. 어머니의 사랑이 있으면 사랑받는 사람은 가장 행복하다고 느낀다.

어머니의 사랑이 없으면 상실감과 궁극적인 절망감이 생긴다. 자녀들이 '착하고' 순종하거나 어머니의 소망과 명령을 실현하기 때문이 아니라 그녀의 자녀이기 때문에 사랑하는 것이므로, 어머니의 사랑은 평등에 바탕을 두고 있다. 만인은 모두 한 어머니의 자녀들이기 때문에, 모두 어머니인 대지의 자녀들이기 때문에 평등하다.

인간 진화의 다음 단계는 우리가 철저한 지식을 갖고 있어서 추리나 재구성에 의존할 필요가 없는 단계로, 부계적 단계이다. 이 단계에서 어머니는 최고 지위에서 퇴위당하고 아버지가 종교에서나 사회에서나 최고 존재가 된다.

부성애의 본질은 아버지가 명령하고 원칙과 법칙을 수립하는 것이며, 아들에 대한 아버지의 사랑은 아버지의 명령에 대한 아들의 복종에 달려 있다. 아버지는 가장 자신을 닮고 가장 잘 복종하고 자신의 재산 상속자로서 후계자가 되는 데 가장 적합한 아들을 가장 좋아한다(부계 사회는 사유재산의 발달과 병행한다). 그 결과 부계 사회는 계급 조직적이다. 형제로서의 평등은 경쟁과 상호 투쟁에 굴복한다.

인도 문화, 이집트 문화, 그리스 문화, 유대적 기독교 또는 이슬람교를 생각해보면, 우리는 남성적 신들이 있고 그중에서 으뜸가는 신이 지배하거나 모든 신이 일자一者, 곧 '하느님'을 제외하고는 제거되어버린 부계 세계 한가운데 놓이게 된다. 그러나 인간의 마음에서 어머니의 사랑에 대한 소망을 지워버릴 수는 없기 때문에 자애로운 어머니의 상이 신전에서 전적으로 추방되지 않았던 것이 놀라운 일은 아니다. 유대교에서 신의 모성적 측면은 특히 신비주의의 여러 가지 흐름 속에 재도입된다. 가톨릭에서 '어머니'는 '교회'에 의해, 그리고 '성처녀聖處女'에 의해 상징된다. 심지어 신교에서도 '어머니'의 모습은, 비록 그녀가 숨겨져 있기는 하지만, 전적으로 지워지지는 않는다. 마르틴 루터는 인간이 '하는' 어떠한 일도 신의 사랑을 획득할 수는 없다는 것을 그의 중요한 원리로 확립했다.

신의 사랑은 '은총'이고, 종교적 태도는 이 은총을 믿고 자신을 연약하고 무력한 자로 만드는 것이다. 아무리 좋은 일이라도 신을 움직이지는 못하며, 또한 가톨릭 교리가 주장하는 바와 같이 신이 우리를 사랑하게 만들지도 못한다.

우리는 여기서 좋은 일에 대한 가톨릭의 교리는 부계적 양상의 일부임을 알 수 있다. 나는 복종하고 아버지의 명령을 수행함으로써 아버지의 사랑을 획득할 수 있다. 한편 루터의 교리는 가장 현저한 부계적 성격을 드러내면서도 그 안에 숨겨진 모계적 요소를 포함하고 있다. 어머니의 사랑은 획득될 수 없고 어머니의 사랑은 여기에 있거나 여기에 있지 않을 뿐이다. 내가 할 수 있는 일은 ("내 모친의 젖을 먹을 때에 의지하게 하셨나이다"[16]라고 시편의 시인이 말한 바와 같이) 오직 믿고 나 자신을 의지할 데 없고 무력한 어린아이로 바꿔놓는 것이다.

그러나 어머니의 모습을 가장 명백한 상像에서 제거하고 아버지의 모습으로 대체한 것은 루터 신앙의 특이성이다. 따라서 어머니의 사랑을 받고 있다는 확실성 대신에, '아버지'의 무조건적 사랑을 희구하는 것과 어긋나길 바라는 강렬한 회의가 여기서는 최대 특색이 되었다.

신에 대한 사랑의 성격은 종교의 모계적 및 부계적 측면의 상대적 중요성에 달려 있다는 것을 보이기 위해, 나는 종교의 모계적 요소와 부계적 요소의 차이를 검토하지 않을 수 없었다. 부계적 측면은 나에게 신을 아버지처럼 사랑하게 한다. 나는 아버지를 올바르고 엄격하다고 생각한다. 곧 아버지는 벌을 주고 상을 주며 마침내 나를 그의 가장 사랑하는 아들로 선택할 것이다. 하느님이 이스라엘의 아브라함을 선택한 것처럼, 이삭이 야곱을 선택한 것처럼, 하느님이 사랑하는 민족을 선택한 것처럼.

종교의 모계적 측면에서는 나는 신을 가장 자애로운 어머니로서 사랑한다. 나는 어머니의 사랑을 믿고 있고, 내가 아무리 가난하고 무력하더라도, 내가 아무리 죄를 짓더라도, 어머니는 나를 사랑할 것이고 어머니의 다른 자녀들을 나보다 더 사랑하지는 않을 것이며 나에게 무슨 일이 일어나든 어머니는 나를 구해주고 구제하고 용서하리라고 믿는다. 말할 것도 없이 신에 대한 나의 사랑과 나에 대한 신의 사랑은 분리될 수 없다. 만일 신이 아버지라면 신은 나를 아들처럼 사랑하고 나는 신을 아버지처럼 사랑한다. 만일 신이 어머니라면 어머니와 나의 사랑은 이러한 사실에 의해 결정된다.

그러나 신에 대한 사랑의 모성적 및 부성적 측면의 이러한 차이점은 이 사랑의 본성을 결정하는 요인 가운데 하나에 지나지 않는다. 다른 요인은 개인이 도달한 성숙의 정도로서 그의 신 개념과 신에 대한 사랑에서 찾아볼 수 있다.

인류의 발달은 종교와 마찬가지로 어머니 중심의 사회 구조로부터 아버지 중심의 사회 구조로 변했으므로 우리는 사랑이 성숙해가는 과정을 주로 부계적 종교의 발달에서 더듬어볼 수 있다.[17] 이러한 발달의 초기 단계에서 우리는 자신이 창조한 인간을 자신의 재산으로 생각하고 자신이 좋아하는 일은 무엇이든지 인간에게 자행하는 전제적이고 질투심 많은 신을 발견한다.

이것은 인간이 지혜의 열매를 먹고 인간 자신이 신이 되는 일이 없도록, 신이 인간을 낙원에서 추방하는 종교적 단계이다. 이것은 인간 중에는 신을 즐겁게 해주는 자가 하나도 없기 때문에 신이 귀여워하는 아들 노아를 제외하고는 홍수로 인류를 멸망시키기로 결정하는 단계이다. 이것은 신이 아브라함에게 절대적 복종의 행위로써 신에 대한 사랑을 입증하기 위해 사랑하는 외아들 이삭을 죽이라고 요구하는 단계이다. 그러나 동시에 새로운 단계가 시작된다.

신은 노아와 계약을 맺는데, 이 계약에서 신은 다시는 인류를 멸망시키지 않겠다고 약속한다. 결국 그것은 스스로를 속박하는 계약이다. 신은 약속으로 속박당할 뿐 아니라 자기 자신의 원리, 곧 정의의 원리로써도 속박당한다. 이러한 바탕이 있었으므로 신은 적어도 열 명의 올바른 자가 있다면 소돔을 용서해달라는 아브라함의 요구에 양보하는 것이다.

그러나 더욱 발달할수록 신은 전제적 부족장의 형태로부터 자애로운 아버지, 자신이 요구해온 원리에 의해 자기 자신도 속박당하는 아버지의 모습으로 변한다. 더 나아가 신은 아버지의 모습으로부터 신의 원리, 곧 정의와 진리와 사랑의 원리의 상징으로 변한다. 신은 진리이고 정의이다. 이런 발달에서 신은 이미 사람이나 남성이나 아버지는 아니다. 신은 현상의 다양성의 배후에 있는 통일 원리의 상징이고 인간 내면에 있는 정신적 종자로부터 피어날 꽃의 상징이다. 신은 이름을 가질 수 없다. 이름은 언제나 한 사물 또는 한 사람, 요컨대 유한한 것을 나타낸다. 신이 사람이 아니고 사물이 아니라면 어떻게 이름을 가질 수 있을 것인가?

이러한 변화 중 가장 놀라운 사건은 신이 모세에게 계시하는 성서의 이야기이다. 헤브라이 사람들에게 신의 이름을 들려주지 않는 한, 그들은 신이 그를 보냈다는 것을 믿지 않을 것이라고 모세가 신에게 말했을 때 (우상의 본질은 이름을 가져야 한다는 데 있거늘, 우상 숭배자들이 어떻게 이름 없는 신을 이해할 것인가?) 신이 양보한다.

신은 모세에게 자신의 이름이 "나는 스스로 있는 자이니라"라고 말한다. '나는 스스로 있는 자'라는 말은, 신은 유한하지 않고 사람이 아니며, '존재'가 아님을 의미하고 있다. 이 문장의 가장 적합한 번역은 다음과 같을 것이다. 곧 "그들에게 '나의 이름은 이름이 없다는 것'이라고 말하라." 헛되이 신의 형상을 만들지 말고 쓸데없이 신의 이름을 부르지 말고 궁극적으로는 신의 이름을 전혀 말하지 말라고 금지하는 것도 동일한 목표, 곧 신은 아버지이고 사람이라는 생각으로부터 인간을 해방시켜주려는 목표를 지향하고 있다.

그 후 신학이 발달한 단계에서 이 사상은 더욱 진척되어 인간은 신에게 어떠한 적극적 한정사限定詞도 사용해서는 안 된다는 원리가 된다. 신에 대해 신은 현명하고 강하고 착하다고 말하는 것은 다시금 신을 인간이라고 말하는 것이 된다. 내가 할 수 있는 일은 기껏해야 신은 '~이 아니다'라고 말하는 것, 소극적 한정사로 말하는 것, 신은 한정되지 않고 불친절하지 않고 불의를 행하지 않는다고 가정하는 것이다. 나는 신이 '~이 아니'라는 것을 알게 되면 될수록 신에 대해 더 많은 지식을 갖게 된다.[18]

일신론 사상이 성숙해짐에 따라 그 결과는 결국 신의 이름을 말하지 말고 신에 '대해' 말하지 말라는 한 가지 결론에 도달할 수 있을 뿐이다. 이때 신은 일신론적 신학에 있어서 잠재적으로 가능한 것, 곧 현상적 우주의 기초에 있는 통일성, 곧 모든 존재의 근거를 가리키는 이름 없는 일자一者, 말로 나타낼 수 없는 침묵자가 된다. 곧 신은 진리가 되고 사랑이 되고 정의가 된다. 내가 인간적인 한 신은 나이다.

신인동형神人同形의 신으로부터 순수한 일신론적 원리에로의 이러한 진화가 신에 대한 사랑의 본성에도 온갖 차이가 생겨나게 한다는 것은 매우 명백한 일이다. 아브라함의 신은 아버지로서, 때로는 그의 용서가, 때로는 그의 노여움이 지배적인 측면이 됨으로써 사랑받을 수도 있고 공포의 대상이 될 수도 있다.

신이 아버지인 한, 나는 어린아이다. 나는 전지전능에 대한 자폐적 욕망으로부터 완전히 벗어나지는 못했다. 나는 아직도 인간으로서의 나의 한계, 무지, 무력함을 깨닫는 객관성을 획득하지 못했다. 나는 아직도 어린아이처럼 나를 구해주고 지켜주고 나에게 벌을 주는 아버지, 내가 복종할 때 나를 좋아하고, 내가 찬미하면 기뻐하고, 내가 복종하지 않으면 화를 내는 아버지가 있어야 한다고 주장하고 있다.

대부분의 사람들이 개인적 발달에서 이러한 유아적 단계를 극복하지 못한 것은 매우 분명한 일이며, 따라서 대부분의 사람들의 경우 신에 대한 신앙은 도움을 주는 아버지에 대한 신앙—유치한 환상—이다. 몇몇 위대한 인류의 스승들, 그리고 소수의 사람들이 이러한 종교의 개념을 극복했어도 이것은 아직도 종교의 지배적 형태이다.

사정이 이와 같다면, 프로이트의 신의 관념에 대한 비판은 매우 타당하다. 그러나 프로이트가 일신론적 종교의 다른 측면과 일신론적 종교의 참된 핵심—이 참된 핵심의 논리에 따르면 정확하게 이러한 신神 관념의 부정에 도달하게 된다—을 무시한 것은 잘못이었다.

참으로 종교적인 사람은, 만일 그가 일신론적 관념의 본질에 따른다면, 어떠한 일을 위해서도 기도하지 않고 신에게 아무것도 기대하지 않는다. 그는 어린아이가 아버지나 어머니를 사랑하듯 신을 사랑하지는 않는다. 그는 신에 대해서는 아무것도 알지 못한다는 것을 깨달을 만큼 자신의 한계를 느끼고 있어서 겸손하다.

그에게 신은 인간 진화의 초기 단계에서 인간이 갈망하던 모든 것, 곧 정신 세계의 영역을 나타내는 상징이고 사랑과 진리와 정의의 상징이다. 그는 '신'이 대표하고 있는 원리를 믿는다. 그는 진리를 생각하고, 사랑과 정의에 따라 살고, 자신의 인간적 힘—중요한 유일한 실재로서의 '궁극적 관심'의 유일한 대상으로서의 힘—을 더욱 충분하게 발휘할 수 있는 기회가 주어질 때에만, 자신의 전 생애는 보람 있는 것이라고 생각한다. 그리고 결국 그는 신에 대해 말하지 않으며 신의 이름도 말하지 않는다. 따라서 신을 사랑하는 것은, 만일 그가 계속해서 이 말을 사용해야 한다면, 사랑할 줄 아는 충분한 능력의 획득, 신이 스스로 그의 편이 되어주는 일의 실현을 갈망하는 것이리라.

이러한 관점에서 본다면 일신론적 사상의 논리적 귀결은 '신에 대한 학문', 곧 '신에 대한 지식'을 전적으로 부정하는 것이다. 그렇지만 이러한 근본적인 비신학적 견해와 예컨대 초기의 불교나 도교에서 볼 수 있는 비유신론적非有神論的 체계에는 차이가 있다.

모든 유신론적 체계에서는, 심지어 비신학적·신비적 체계에서조차, 인간을 초월해 있고 인간의 정신적 힘 및 구원과 내적 탄생에 대한 인간의 갈망에 의미와 타당성을 부여하는 정신의 왕국의 실재實在를 가정하고 있다. 비유신론적 체계에는 인간이 밖에 있거나 인간을 초월해 있는 정신의 왕국은 없다.

사랑, 이성, 정의의 왕국은 오직 인간이 이러한 능력을 자기 자신 속에서 인간의 발달 과정을 통해 발달시킬 수 있기 때문에, 또한 그 정도에 따라 현실로서 존재한다. 이러한 관점에서 인간이 스스로 삶에 부여하는 의미 이외에 삶에는 다른 의미가 있을 수 없다. 인간은 다른 사람을 돕지 않는 한, 전적으로 외롭다.

신에 대한 사랑을 다루어왔지만 나 자신은 유신론적 관점에서 생각하고 있지 않다는 것, 나에게 신 개념은 역사적으로 제약되어온 관념—이 관념으로 인간은 역사적으로 주어진 시기에 있어서의 인간의 더욱 높은 능력의 경험, 진리와 합일에의 갈망을 표현하고 있다—에 지나지 않는다는 점을 명백히 해두고 싶다. 그러나 나는 엄밀한 일신론의 결론과 정신적 실재에 대한 궁극적인 비유신론적 관심은 비록 서로 다르기는 하지만 서로 싸울 필요가 없는 두 견해라고 믿고 있다.

그러나 여기서 신에 대한 사랑의 문제에 대해 또 하나 다른 국면이 제기되며, 이 문제의 복잡성을 이해하기 위해서는 이 국면을 검토하지 않을 수 없다. 나는 동양(중국과 인도)과 서양의 종교적 태도의 근본 차이에 대해 언급하고 있는데, 이 차이는 논리적 개념으로 표현할 수 있다. 아리스토텔레스 이후로 서양 세계는 아리스토텔레스 철학의 논리적 원리를 지켜왔다.

이 논리학은 A는 A라고 하는 동일률同一律, 모순율矛盾律(A는 비非A가 아니다) 및 배중률排中律(A는 A이면서도 비A일 수는 없고 A도 아니고 비A도 아닐 수는 없다)에 기초를 두고 있다. 다음 문장에서 아리스토텔레스는 그의 관점을 매우 명백하게 표현하고 있다. "동일한 것이 동일한 것에 동시에 동일한 관련에서 종속하고 동시에 종속하지 않는다는 것은 불가능하다. 변증법적 반대에 대처하려고 우리가 어떠한 다른 구별을 첨가하든, 이러한 구별을 첨가할 만하다. 따라서 이것은 모든 원리 중 가장 확실하다."[19]

아리스토텔레스 논리학의 이 공리公理는 우리 사고의 습성에 깊이 침투해 있기 때문에 '자연스럽고' 자명한 것으로 느껴진다. 한편 'X는 A이고 비A는 아니다'라는 명제는 난센스처럼 생각된다(물론 이 명제는 일정한 시점에서 주사主辭 A에 대해 언급하는 것이며, 현재의 X와 이후의 X에 대해 언급하거나 X의 한 측면을 다른 측면과 대립해서 말하는 것은 아니다).

아리스토텔레스의 논리학과 대립되는 것이 이른바 '역설적 논리학'이다. 역설적 논리학은 A와 비A는 X의 술어로서 상호 배제하는 것은 아니라고 가정한다. 역설적 논리학은 중국 및 인도의 사상, 헤라클레이토스의 철학에서 현저했고 다음에는 다시 변증법이라는 이름 밑에 헤겔과 마르크스의 철학이 되었다.

역설적 논리학의 일반 원리는 노자老子에 의해 명시되고 있다. "엄밀하게 참된 말은 역설적인 것 같다."[20] 또한 장자莊子에 의해 명시되고 있다. "1은 1이다. 1이 아닌 것도 또한 1이다." "그것은 존재하면서 존재하지 않는다"는 역설적 논리학의 공식들은 긍정적이다. "그것은 이것도 아니고 저것도 아니다"라는 또 하나의 공식은 부정적이다. 전자와 같은 사고의 표현은 도교 사상, 헤라클레이토스 및 헤겔의 변증법에서 찾아볼 수 있다. 후자의 공식은 인도 사상에 자주 나타난다.

아리스토텔레스 논리학과 역설적 논리학의 차이를 더 상세하게 설명하는 것은 이 책의 범위를 넘어서는 일이기는 하지만, 이 원리를 좀 더 알기 쉽게 만들기 위해 몇 가지 설명을 덧붙이겠다. 서양 사상에서 역설적 논리학은 헤라클레이토스의 철학에 처음으로 철학적으로 표현되어 있다.

그는 상반되는 것 사이의 투쟁을 모든 존재의 기초로 보았다. "그들은 그 자체에 있어서 투쟁하고 있는 전일자全一者는 그 자체와 같다는 것, 곧 활이나 수금竪琴에서처럼 투쟁 상태의 조화를 모르고 있다."[21] 혹은 좀 더 명백하게 말하면 "우리는 같은 강물에 들어가지만 같은 강물은 아니다. 그것은 우리이지만 우리가 아니다."[22] 혹은 "I이면서 동일한 것은 살아 있으면서 죽은 것으로서, 깨어 있으면서 잠자는 것으로서, 어리면서 늙은 것으로서 사물에 나타나 있다."[23]

노자 철학에서는 같은 사상이 좀 더 시적인 형식으로 표현되어 있다. 도교의 역설적 사고의 특징적인 예는 다음과 같은 말에서 볼 수 있다. "무게는 가벼움의 뿌리이고 정지는 운동의 지배자이다."[24] 혹은 "본래의 과정에 있는 도道는 하는 일이 없고 그러므로 하지 않는 일이 없다."[25] 혹은 "나의 말은 매우 알기 쉽고 매우 행하기 쉽다. 그러나 이 말을 알고 이 말을 행할 수 있는 사람은 세계에는 한 사람도 없다."[26]

인도인이나 소크라테스의 사고에서와 마찬가지로 노자의 사고에서도, 우리는 사고가 도달할 수 있는 최고의 단계는 '알 수 없다'인 것을 알게 된다. "알면서도 알지 못한다고 '생각하는 것'은 최고의 '각성'이고, 모르면서도 안다고 '생각하는 것'은 병이다."[27] 최고의 신은 명명할 수 없다고 하는 것은 이러한 철학의 귀결에 지나지 않는다. 궁극적 실재, 궁극적 일자—者는 언어나 사고로 파악할 수 없다.

노자가 말한 것처럼 "밟고 걸어갈 수 있는 도는 영원하고 변하지 않는 도가 아니다. 명명된 이름은 영원하고 변하지 않는 이름이 아니다."[28] 혹은 다르게 표현하면 "우리는 그것을 바라보지만 그것을 보지 못하고 우리는 그것을 '한결같은 것'이라고 명명한다. 우리는 그것에 귀 기울이려고 하지만 그것을 듣지 못하고 '들을 수 없는 것'이라고 명명한다. 우리는 그것을 붙잡으려고 하지만 붙잡지 못하고 그것을 '포착하기 어려운 것'이라고 명명한다. 이러한 세 성질은 기술記述의 주어主語가 될 수 없다. 그러므로 우리는 이 성질을 함께 섞어서 일자—者를 얻는다."[29] 같은 사상을 다시 표현하면 "'도'를 알고 있는 자는 '도에 대해' 말하려고 하지 않고, 도에 대해 언제든 말할 용의를 갖추고 있는 자는 도를 알지 못한다."[30]

바라문婆羅門의 철학은 (현상의) 다양성과 통일성(브라만)의 관계에 관심을 가졌다. 그러나 역설적 철학은 인도에서나 중국에서나 '이원적二元的' 관점과 혼동되어서는 안 된다. 조화(통일성)는 갈등하고 있는 입장에 있고 이러한 입장으로부터 조화가 이루어진다. "바라문의 사고는 처음부터 동시적인 반대 관계—그러나—현상적인 세계의 가장 명백한 힘들과 형태들의 동일성에 집중되었다……."[31]

우주에서도 인간의 경우와 마찬가지로 궁극적인 힘은 개념적 영역과 감각적 영역을 초월한다. 그러므로 궁극적 힘은 '이것도 아니고 저것도 아니다.' 그러나 짐머Zimmer가 말했듯, "이 엄밀하게 비이원론적非二元論的인 현실화現實化에는 '현실적인 것과 비현실적인 것' 사이의 반대 관계가 없다."[32] 다양성의 배후에 있는 통일성을 찾는 이러한 탐구에서 바라문의 사고는, 서로 대립하는 것으로 지각된 것은 사물의 본성이 아니라 지각하고 있는 정신의 본성을 반영하고 있다는 결론에 도달했다.

지각하는 사고는, 참된 실재에 도달하려면, 그 자체를 초월하지 않으면 안 된다. 대립은 인간 정신의 범주이고 그 자체로서 실재의 요소는 아니다. 《리그 베다》에서는 그 원리가 다음과 같이 표현된다. "나는 둘, 곧 생명의 힘과 생명의 재료이고 동시에 둘이다." 사상은 오직 모순을 통해서만 지각될 수 있다는 관념의 궁극적 결과는 다음과 같은 베다의 사상에서 더욱 극적인 결론을 볼 수 있다. 곧 사상―모든 미묘한 차이를 가진 사상―은 "무지無知의 더욱 정묘한 지평地坪이고 사실상 마야maya의 온갖 교묘한 책략 중에서 가장 정묘한 것"[33]이라고 베다의 사상은 가정한다.

역설적 논리학은 신의 개념과 중요한 관련을 갖고 있다. 신이 궁극적 실재를 의미하는 한, 인간의 정신이 모순에서 실재를 지각하는 한, 신에 대해서는 적극적 진술이 불가능하다. 베다에서는 전지전능한 신이라는 관념은 무지의 궁극적 형태로 생각된다.[34]

우리는 여기서 도道의 무명성無名性, 모세에게 자신을 드러낸 신의 무명無名이라는 이름, 마이스터 에크하르트의 '절대무絶對無' 사이의 관련을 본다. 인간은 오직 궁극적 실재의 부정적 측면을 알 뿐, 그 궁극적 측면은 알지 못한다. "한편 인간은, 비록 어떠한 것이 신이 아닌가를 잘 알고 있더라도, 신이 무엇인지를 알 수는 없다. …… 이와 같이 무無에 만족하더라도 정신은 모든 것 가운데서 가장 선한 것을 끊임없이 요구한다."[35]

마이스터 에크하르트에게 있어서 "신성한 일자는 부정의 부정이고 거부의 거부이다. …… 모든 피조물에는 부정이 포함되어 있다. 갑甲은 을乙이 아니라고 부정하기 때문이다."[36]

이 결론을 조금만 더 밀고 나가면, 카발라Kabalah(유대의 신비철학자)의 경우 궁극적 실재는 '엔 소프En sof', 곧 무한한 일자가 되는 것처럼, 마이스터 에크하르트의 경우에 궁극적 실재는 '절대 무無'가 된다.

신에 대한 사랑의 개념에서 볼 수 있는 중요한 차이점의 근거를 밝히기 위해 나는 지금까지 아리스토텔레스의 논리학과 역설적 논리학의 차이점을 검토해왔다. 인간은 모순을 통해서만 실재를 인식할 수 있고 '사고思考'를 통해서는 궁극적 실재의 통일성, 곧 일자一者 자체를 인식할 수 없다고 역설적 논리학의 스승들은 말한다. 여기서 인간은 '사고'에서 대답을 찾아내는 것을 궁극적 목적으로 삼지 않았다는 결론이 나온다. 사고는 단지 사고에 의해서는 궁극적 대답을 얻을 수 없다는 지식에 도달하게 할 뿐이다.

사고의 세계는 역설에 사로잡혀 있다. 세계를 궁극적으로 파악할 수 있는 유일한 길은 사고가 아니라 행위에, 곧 일체성의 경험에 있다. 이렇게 해서 역설적 논리학에서는 신에 대한 사랑은 사고를 통한 신에 대한 지식이거나 인간의 신에 대한 사랑에 관한 사상이 아니라, 신과의 일체성을 경험하는 행위라는 결론에 도달한다.

이러한 사상은 올바른 생활 방식을 강조하게 된다. 생활 전체, 사소하지만 중요한 온갖 행동은 신에 대한 지식에 바쳐지지만 올바른 사고에 의한 지식이 아니라 올바른 행위에 의한 지식에 바쳐진다. 이 점은 동양의 종교에서 명백히 볼 수 있다.

브라만교에서는 불교나 도교와 마찬가지로 종교의 궁극적 목적을 올바른 신앙이 아니라 올바른 행동에 둔다. 우리는 유대의 종교에서도 동일한 점을 강조하고 있음을 알고 있다. 유대의 전통에서 신앙에 대한 분열은 거의 없었다(바리새인과 사도가이인의 차이라는 하나의 커다란 예외는 본질적으로는 두 개의 대립적인 사회 계급의 차이였다). 유대의 종교는 (특히 우리 기원의 시초부터) 올바른 생활 방식, 곧 할라카Halacha(이 말은 사실은 도道와 같은 뜻이다)를 강조했다.

근대사에서는 동일한 원리가 스피노자, 프로이트, 마르크스의 사상에 표현되어 있다. 스피노자의 철학에서 강조점은 올바른 신앙에서 올바른 생활 방식으로 옮겨진다. 마르크스도 "철학자는 여러 가지 방식으로 세계를 해석해왔으나 과제는 세계를 변혁하는 것"이라고 말했을 때 동일한 원리를 제시했다. 프로이트의 역설적 논리는 그를 정신분석적 치료, 곧 더욱 깊어가는 자아의 체험으로 이끌어 간다.

역설적 논리학의 관점에서 강조점은 사고가 아니라 행위에 놓인다. 이러한 태도에서 몇 가지 다른 결과가 생긴다. 우선 이러한 태도에서 인도나 중국의 종교적 발전에서 볼 수 있는 '관용'이 생겼다.

올바른 사고가 궁극적 진리도, 구제에 이르는 길도 아니라면, 사고를 통해 다른 공식에 도달한 다른 사람들과 싸울 까닭은 없다. 이러한 관용은 어둠 속에서 코끼리에 대해 말하라는 요구를 받은 몇 사람의 이야기에 아름답게 표현되어 있다. 한 사람은 코끼리의 코를 만져보고 "이 짐승은 수도관 같다"고 말했다. 또 한 사람은 코끼리의 귀를 만져보고 "이 짐승은 부채 같다"고 말했다. 세 번째 사람은 코끼리의 다리를 만져보고 "이 짐승은 기둥 같다"고 설명했다.

둘째로 역설적 관점은 한편으로는 '교의教義'의 발달, 또 한편으로는 '과학'의 발달을 강조하기보다 오히려 '인간 개조'를 강조하게 되었다. 인도, 중국 및 신비주의적 관점에서 보면 인간의 종교적 과제는 올바르게 사고하는 것이 아니라 올바르게 행동하는 것이고, 또한 집중적인 명상 행위를 통해 일자와 일체가 되는 것이다.

서양 사상의 주요한 흐름에서는 이와는 반대되는 것이 참된 것으로 생각되었다. 올바른 사고에 의해서만 궁극적 진리를 발견할 수 있다고 기대했기 때문에, 올바른 행동도 동시에 중요시되기는 했지만, 중요한 강조점은 사고에 놓였다.

종교적 발전 과정에서 이러한 강조로부터 교의의 정형화, 교의의 정형화에 대한 끝없는 논쟁, '비신자非信者' 또는 이교도에 대한 비관용非寬容이 생겼다. 더 나아가 종교적 태도의 주요한 목적으로서 '신에 대한 신앙'을 강조했다. 물론 이 말은 인간이 올바르게 살아야 한다는 개념이 없었다는 뜻이 아니다. 그런데도 신을 믿는 자는—비록 그가 신의 뜻을 좇아 살지 않더라도—신의 뜻을 따르고 있으면서도 신을 '믿지' 않는 사람보다 탁월하다고 느꼈다.

사고에 대한 강조는 역사적으로 매우 중요한 결과를 가져왔다. 사고를 통해 진리를 발견할 수 있다는 관념으로부터 교의만이 아니라 과학도 발생했다. 과학적 사고에서 올바른 사고는 지적 성실성이라는 면에서나 과학적 사고를 실제—다시 말하면 기술技術—에 응용하는 면에서나 가장 중요한 것이다.

요컨대 역설적 사고는 관용과 자기 개조를 향한 노력을 가져왔다. 아리스토텔레스적 논리학은 교의와 과학, 가톨릭교회와 원자력의 발견을 초래했다.

신에 대한 사랑의 문제에 관한 두 가지 입장 사이의 이러한 차이에서 나온 결말은 이미 암암리에 설명되었으므로 간단하게 요약하는 것으로 충분하다.

서양의 지배적인 종교적 체계에서 신에 대한 사랑은 본질적으로 신에 대한 신앙, 신의 존재에 대한 신앙, 신의 정의와 신의 사랑에 대한 신앙과 동일하다. 신에 대한 사랑은 본질적으로 사고상思考上의 경험이다. 동양의 종교와 신비주의에서 신에 대한 사랑은 일체성의 강렬한 감정적 표현이며, 생활에 있어 모든 행위에 표현되는 이 사랑과 불가분의 관련을 갖고 있다.

마이스터 에크하르트는 이러한 목표를 가장 철저하게 공식화하였다. 곧 "그러므로 내가 신으로 변하고 신이 나를 신 자신과 하나로 만든다면, 살아 있는 신에 의해 우리 사이의 차이는 없어진다. …… 어떤 사람들은 그들이 신을 보려고 하는 것으로, 마치 신은 저기 있고 그들은 여기 있어서 신을 보려고 하는 것으로 상상하고 있으나 그렇지 않다. 신과 나—우리는 하나다. 신을 인식함으로써 나는 신을 나에게 데려온다. 신을 사랑함으로써 나는 신에게 침투한다."[37]

우리는 이제 어버이에 대한 사랑과 신에 대한 사랑의 중요한 평행 관계로 되돌아올 수 있다. 어린아이는 '모든 존재의 근원'으로서의 어머니에게 집착하는 것으로 시작한다. 어린아이는 무력하다고 느끼고, 모든 것을 감싸주는 어머니의 사랑을 요구한다. 다음에 어린아이는 사랑의 새로운 중심으로서 아버지, 곧 사고와 행동의 지도 원리인 아버지를 찾게 된다. 이 단계에서 어린아이의 행동 동기는 아버지의 칭찬을 받고 아버지의 불쾌감을 피하려는 욕구에 있다. 완전히 성숙한 단계에서 그는 보호하고 명령하는 힘으로서의 어머니와 아버지에게서 해방된다. 그는 자기 자신 속에 어머니와 아버지의 원리를 확립한다. 그는 자기 자신의 아버지와 어머니가 되는 것이다. 그는 아버지'이고' 어머니'이다.'

인류 역사에서 우리는 동일한 발달을 보고 또 예상할 수 있다. 곧 어머니인 여신女神에 대한 무력한 애착으로서의 신에 대한 사랑에서 시작하여, 아버지인 남신男神에 대한 순종적인 애착을 거쳐, 신이 이미 외부적 힘이 아니고 인간이 사랑과 정의의 원리를 자기 자신 속에 흡수하여 인간과 신이 일체가 되는 성숙한 단계에 이르고, 마침내 시적·상징적 의미로서만 신에 대해 말하는 경지에 도달하는 것이다.

이러한 고찰에서 신에 대한 사랑과 어버이에 대한 사랑은 분리될 수 없다는 결론이 나온다. 어떤 사람이 어머니나 집단이나 민족에 대한 근친애적 애착에서 벗어나지 못한다면, 또는 상을 주고 벌을 주는 아버지, 또는 어떤 다른 권위에 대한 유치한 의존 상태를 유지한다면, 그는 신에 대한, 더욱 성숙한 사랑을 발달시킬 수 없다. 따라서 그의 종교는 신을 모든 일로부터 보호해주는 어머니 또는 상벌을 주는 아버지로서 경험하는 초기 단계의 종교에 지나지 않는다.

현대 종교에서 우리는 초기의 가장 원시적인 발달 단계에서 최고의 발달 단계에 이르기까지 모든 단계가 현존하고 있음을 볼 수 있다. '신'이라는 말은 '절대무'뿐 아니라 부족장部族長을 가리킨다. 마찬가지로 각각의 개인도 자기 자신 속에, 곧 프로이트가 밝힌 바와 같이 자신의 무의식 속에 무력한 갓난아이 이후의 모든 단계를 유지하고 있다.

문제는 그가 어느 경지까지 성장했는가 하는 것이다. 한 가지는 확실하다. 곧 그의 신에 대한 사랑의 본성이 그의 인간에 대한 사랑의 본성과 대응하고, 더 나아가 그의 신과 인간에 대한 사랑의 진정한 성질이 사랑이 무엇인가에 대한 더욱 성숙한 '사고'에 의해 은폐되고 합리화됨으로써 흔히 의식되지 않는다는 것이다. 더 나아가 인간에 대한 사랑은, 직접적으로는 그의 가족과의 관계에 담겨 있지만, 끝까지 분석해보면 그가 사는 사회의 구조에 의해 결정된다. 만일 사회 구조가 권위―공공연한 권위, 또는 시장과 여론의 익명의 권위―에 복종하는 사회 구조라면 그의 신에 대한 개념은 유치하며, 성숙한 개념에는 훨씬 미치지 못한다. 성숙한 개념의 씨앗은 일신론적 종교의 역사에서 발견된다.

3

현대 서양 사회에서 사랑의 붕괴

사랑이 성숙하고 생산적인 성격을 가진 사람들의 능력이라면, 어떤 특정한 문화권에서 살고 있는 사람들의 사랑의 능력은 이 문화가 평범한 사람에게 미치는 영향에 달려 있다. 서양 현대 문화에서의 사랑에 대해 말한다면, 우리는 서양 문화의 사회 구조와 이러한 사회 구조로부터 발생한 정신이 사랑의 발달에 효과적인가 하는 문제를 묻는 셈이다. 이러한 문제를 제기하는 것은 소극적으로 이 문제에 대답하는 것이다. 서양 생활에 대한 객관적 관찰자들은 누구든지 사랑—형제애, 모성애, 성애性愛—이 비교적 희귀한 현상이며 여러 가지 형태의 사이비 사랑—이것은 사랑의 붕괴를 나타내는 여러 가지 형태다—이 사랑의 자리를 차지하고 있다는 것을 의심치 않는다.

자본주의 사회는 한편으로는 정치적 자유의 원리에 기반하고 있고, 다른 한편으로는 모든 경제적, 더 나아가 사회적 관계를 결정하는 시장의 원리에 기반한다. 상품시장은 상품이 교환되는 조건을 결정하고 노동시장은 노동력의 획득과 판매를 결정한다. 유용한 사물, 유용한 인력과 기술은 모두 상품화된다. 그것들은 시장의 조건하에서 자유로이 공정하게 거래된다.

구두는, 아무리 유용하고 필요하더라도, 시장에서 수요가 없으면 경제적 가치(교환 가치)를 갖지 못한다. 인격과 기술은 현재의 시장 조건에서 수요가 없으면 교환 가치를 갖지 못한다. 자본가는 노동력을 사서 그의 자본이 가장 유익한 투자가 되게끔 일하도록 명령할 수 있다. 노동자는 굶어죽지 않으려면 현재의 시장 조건에 따라 자본가에게 노동력을 팔아야 한다. 이런 경제적 구조는 가치의 위계질서에 반영된다. 자본은 노동력을 지배한다. 생명이 없는 축적된 물품이 살아 있는 인간의 힘, 곧 노동보다 더 높은 가치를 갖는 것이다.

이것은 자본주의가 시작된 이래로 자본주의의 기본 구조다. 그러나 이것이 아직 근대 자본주의의 특징이기는 하지만 여러 가지 요인이 변했고 이러한 요인들은 현대 자본주의에 특별한 성질을 부여하고 현대인의 성격 구조에 심대한 영향을 미치고 있다. 자본주의가 발달한 결과, 우리는 자본이 점점 더 중앙집권화하고 집중화하는 과정을 목격하고 있다. 대기업은 계속해서 규모가 커지고 작은 기업은 밀려난다. 이러한 기업에 투자한 자본의 소유권은 이 자본을 관리하는 기능으로부터 점점 더 분리된다.

많은 주주株主들이 기업을 '소유하고', 관리층은 많은 보수를 받기는 하지만 기업을 소유하지는 못하고 오직 관리할 뿐이다. 관리층은 최대 이익을 거두는 것보다는 기업의 확장, 그들의 권력에 더 많은 관심을 갖고 있다.

심화하는 자본 집중화와 강력한 관리 조직 등장과 함께 노동 운동도 발달하고 있다. 노동자의 조직화로 개별적인 노동자들은 노동시장에서 스스로 자기 자신을 위해 흥정할 필요가 없어진다. 노동자는 거대한 노동조합을 통해 결합되고 또한 산업적 거상巨像과 맞서서 노동자를 대변하는 강력한 관료적 기구에 의해 지도된다. 주도권은 좋든 나쁘든 자본의 분야에서나 노동의 분야에서나 개인으로부터 조직으로 옮겨졌다. 점점 더 많은 사람들이 독립성을 잃고 거대한 경제적 제국의 관리자들에게 의존하게 되었다.

이러한 자본의 집중화로부터 생기는 또 하나의 결정적 형태, 그리고 현대 자본주의의 특징은 노동의 조직화에서 볼 수 있는 특별한 방법에 있다. 노동이 철저하게 분업화되고 광범하게 집중화된 기업에서 노동은 조직화되고, 개인은 개성을 잃고 소모적인 기계의 톱니바퀴가 된다. 근대 자본주의에서 인간의 문제는 다음과 같이 요약할 수 있다.

근대 자본주의는 원활하게 집단적으로 협력하는 사람들, 더욱 많이 소비하는 사람들, 그 취미가 표준화되고 쉽게 영향받고 예측할 수 있는 사람들을 필요로 한다. 근대 자본주의는 권위나 원리, 또는 양심에 종속되지 않고 자유롭고 독립되어 있다고 느끼는 사람들, 그러면서도 즐거이 명령에 따르고 그들에게 기대되는 일을 하고 마찰 없이 사회 기구에 순응하는 사람들, 폭력 없이 관리되고 지도자 없이 인도 되고 목적 없이―좋은 것을 만들어내고 계속 움직이고 기능을 다하고 곧바로 나간다는 목적 이외에는―움직일 수 있는 사람들을 필요로 한다.

그 결과는 어떠한가? 현대인은 자기 자신, 동료, 그리고 자연으로부터 소외된다.[1] 그는 상품으로 변하고, 현재의 시장 조건 아래서 최대의 이익을 가져올 수 있는 투자로서 자신의 생명력을 경험한다. 인간 관계는 근본적으로 소외된 자동 기계 같은 관계가 되고, 각자는 군중과 함께 있음으로써 자신의 안전을 도모하고, 따라서 사상이나 감동이나 행동에서 각자의 차이가 없다.

모든 사람이 되도록이면 타인들과 함께 있으려고 하지만 모든 사람들은 아주 고독하며, 분리 상태가 극복되지 못했을 때 필연적 결과로 생기는 깊은 불확실성과 불안, 죄책감의 지배를 받는다. 우리 문화는 사람들이 이러한 고독을 의식하고 깨닫지 않게끔 도와주는 여러 가지 완화제를 제공한다. 우선 제도화된 기계적 작업의 엄밀한 규격화, 이것은 사람들로 하여금 인간의 가장 기본적인 욕망, 곧 초월과 합일에 대한 갈망을 깨닫지 못하게 하는 데 도움이 된다.

노동의 규격화만으로는 이러한 일에 성공하지 못하므로, 인간은 오락의 규격화에 의해, 곧 오락산업에 의해 제공되는 음향이나 구경거리를 수동적으로 소비함으로써, 더 나아가 언제나 새로운 것을 사고 이것을 곧 다른 것과 교환하는 데 만족함으로써 자신의 의식되지 않는 절망을 극복한다. 현대인은 사실상 올더스 레너드 헉슬리Aldous Leonard Huxley가《멋진 신세계》에서 그려놓은 상像에 가깝다. 곧 잘 먹고 잘 입고 성적으로도 만족하지만 자아가 없고 가장 피상적인 접촉을 제외하고는 동료들과 어떠한 접촉도 없는. 그들은 헉슬리가 다음과 같은 말로 간결하게 표현한 슬로건에 의해 지도되고 있다. "개인이 감정을 가질 때, 공동체는 비틀거린다." 또는 "오늘 즐길 수 있는 일을 내일로 연기하지 말라." 또는 절정에 달한 선언이지만 "오늘날은 모든 사람이 행복하다."

오늘날 인간의 행복은 '즐기는 데' 있다. 즐긴다는 것은 '만족스러운 소비'를 말하고 상품, 구경거리, 음식, 술, 담배, 사람들, 강의, 책, 영화 등을 '입수하는 것'을 말한다. 모든 것이 소비되고 모든 것을 삼켜버리는 것이다. 세계는 우리의 식욕에 대한 하나의 커다란 대상으로서 커다란 사과, 커다란 병, 커다란 유방이 된다. 우리는 젖을 빠는 자이고, 영원히 기대하는 자이고, 희망에 가득 찬 자이다. 그리고 영원히 실망하는 자이다. 우리의 성격은 교환하고 받아들이고 싸게 팔아버리고 소비하는 데 적합하다. 모든 것은, 물질적 대상과 마찬가지로 정신적 대상도, 교환과 소비의 대상이 된다.

사랑에 관한 한 상황은, 당연한 일이지만, 현대인의 이러한 사회적 성격과 대응된다. 자동 기계는 사랑할 수 없다. 자동 기계는 '퍼스낼리티라는 상품'을 교환할 수 있고 공정한 거래를 희망할 수 있을 뿐이다. 이와 같이 소외된 구조를 가진 사랑, 특히 결혼의 가장 중요한 표현의 하나는 '팀'이라는 개념이다.

행복한 결혼에 대해 쓴 무수한 논문은 원활한 기능을 가진 팀이 이상적인 것이라고 설명하고 있다. 이러한 설명은 원활하게 일하는 고용인이라는 관념과 별로 다르지 않다. 이러한 고용인은 '합리적으로 독립적'이고 협동적이고 관대하고 야심적이면서 동시에 공격적이어야 한다. 따라서 남편은 아내를 '이해하고' 도와주어야 한다고 결혼 상담자는 말한다. 남편은 아내의 새 옷이나 맛있는 요리를 칭찬해야 한다. 아내는 남편이 지쳐서 시무룩해 집으로 돌아왔을 때 이해해줘야 하고, 남편이 사업상의 난점에 대해 말할 때 주의 깊게 귀 기울여야 하고, 남편이 아내의 생일을 잊었을 때도 화내지 말고 이해해야 한다. 이러한 모든 관계에 공통되는 것은 평생 동안 남남으로 남아 있고, 결코 '핵심적 관계'에 도달하지 못하고 서로 예의 바르게 대우하고 서로 더욱 호의를 가지려고 노력하는 두 사람의 원활한 관계다.

사랑과 결혼에 대한 이러한 개념에서 중요한 강조점은 참아낼 수 없는 고독감으로부터 피난처를 찾는 것이다. 사람들은 '사랑'에서 마침내 고독으로부터 벗어날 안식처를 찾아낸다. 사람들은 세계에 대항하는 두 사람 사이의 동맹을 형성하고, '두 사람만의' 이기주의는 사랑과 친밀감으로 오해된다.

팀의 정신, 상호 관용 등에 대한 강조는 비교적 최근에 발달한 것들이다. 이에 앞서 제1차 세계대전 이후 몇 년 동안은 상호 간의 성적 만족을 만족스러운 사랑의 관계, 특히 행복한 결혼의 토대로 생각하는 경향이 지배적이었다. 흔히 볼 수 있는 불행한 결혼의 원인은 결혼 상대자들이 올바른 '성적 적응'을 이룩하지 못했다는 점에서 찾아야 한다고 믿어졌다. 실패의 원인은 '올바른' 성행위에 대한 무지, 곧 한쪽 또는 쌍방의 잘못된 성적 기교에 있다고 생각되었다.

이러한 실패를 '바로잡기' 위해서, 또한 서로 사랑하지 못하는 불행한 부부를 돕기 위해서 많은 책이 올바른 성행위에 대해 가르침과 조언을 주면서 암암리에, 또는 공공연하게 행복과 사랑을 갖게 될 거라고 약속했다. 이러한 관념의 기초를 이루고 있는 것은 사랑이 성적 쾌락의 소산이라는 것이고, 두 사람이 서로 성적으로 만족시킬 줄 알게 되면 그들은 서로 사랑하게 되리라는 생각이다. 이러한 생각은 올바른 기술을 사용하면 공업적 생산의 문제만이 아니라 인간의 온갖 문제 역시 해결하게 되리라는 당시의 일반적 환상에 부합했다. 사람들은 이러한 기초적 가정과는 정반대되는 것이 진실이라는 사실을 무시했다.

사랑은 성적 만족의 결과가 아니며, 성적 행복은 오히려—심지어 이른바 성의 기교에 대한 지식조차도—사랑의 결과다. 만일 매일같이 관찰할 수 있는 일을 제쳐놓고 이러한 명제를 증명해야 한다면, 이러한 증거는 정신분석적 자료에서 풍부하게 찾아낼 수 있을 것이다. 가장 빈번하게 볼 수 있는 성적 문제—여자의 불감증과 남자의 다소간 심각한 심인성心因性 불능증不能症—에 대한 연구는 그 원인이 올바른 기술에 대한 지식의 결핍이 아니라 사랑을 불가능하게 만드는 억압에 있음을 보여준다.

이성에 대한 두려움 또는 증오는, 신체적 접합이라는 친밀하고 직접적인 행동에서 어떤 사람이 자기 자신을 완전히 내주지 못하도록, 자발적으로 행동하지 못하도록, 성의 상대를 신뢰하지 못하도록 방해하는 난점의 근저에 깔려 있다. 성적으로 억압된 사람이 공포나 증오에서 벗어난다면 그의, 또는 그녀의 성적문제는 해결된다. 만일 공포나 증오에서 벗어나지 못하면 성의 기교에 대해 아무리 많은 지식을 갖고 있더라도 도움이 되지 않을 것이다.

그러나 정신분석적 치료를 통해 얻은 자료에 따르면 성의 기교에 대한 올바른 지식이 인간을 성적 행복과 사랑으로 인도한다는 생각은 잘못된 것임이 알려졌는데도, 사랑은 상호 간의 성적 만족에 부수되는 것이라는 기본적 가정은 프로이트의 이론에 크게 영향을 받았다. 프로이트에게 사랑은 기본적으로 성적 현상이었다. "경험에 의해 성적(생식적) 사랑이 최대의 기쁨을 준다는 것을 알고, 그 결과 성적 사랑이 사실상 그의 모든 행복의 원형이 된 사람은 계속해서 성적 관계의 과정에서 행복을 찾고 생식적 에로티시즘을 자기 삶의 핵심으로 삼지 않을 수 없다."[2]

프로이트에게 형제애의 경험은 성적 욕망의 결과이고, 성적 본능이 '억압된 목표'를 가진 충동으로 변형된 것이다. "억압된 목표를 가진 사랑은 사실상 본래는 감각적 사랑으로 가득 찬 것이었고, 인간의 무의식적인 마음속에서는 여전히 그러하다."[3] 신비로운 경험의 본질이며 다른 한 사람 또는 동료들과의 강렬한 합일감의 근원인 융합감, 일체감('대양과 같은 감정')에 대해서 프로이트는 병리적 현상, 곧 초기의 '무한한 자아도취'[4] 상태의 퇴행이라고 해석했다.

여기서 한 걸음만 더 나아가면 프로이트에게 있어서 사랑은 본질적으로 비합리적인 현상이 된다. 프로이트에게는 비합리적인 사랑과 성숙한 퍼스낼리티의 표현으로서의 사랑 사이에 아무런 차이도 없다. 그는 감정 전이적 사랑에 대한 논문[5]에서 감정 전이적 사랑은 본질적으로는 사랑의 '정상적' 현상과 다르지 않다고 지적했다.

사랑에 빠진다는 것은 언제나 비정상적인 것으로 기울어지고, 언제나 현실에 대한 맹목성이 따르고, 강박적인 것이고, 어린 시절 사랑의 대상으로부터의 감정 전이다. 합리적 현상으로서의, 절정에 이른 성숙한 완성으로서의 사랑은 현실에 존재하는 것이 아니라는 이유로 프로이트는 자신의 탐구 대상으로 삼지 않았다.

그러나 사랑이 성적 매력의 결과라든가, 또는 오히려 의식적 감정에 반영된 성적 만족과 '동일'한 것이라든가 하는 생각에 끼친 프로이트 사상의 영향을 과대평가하는 것은 잘못이다. 인과 관계는 본질적으로 다른 방식으로 시작된다.

프로이트 사상은 부분적으로 19세기 정신의 영향을 받았고 부분적으로는 제1차 세계대전 이후 몇 년 동안 유행한 정신을 통해 인기를 얻었다. 통속적 생각과 프로이트의 개념에 영향을 미친 요인들이 몇 가지 있는데, 우선 빅토리아 시대의 엄격한 관습에 대한 반발을 들 수 있다. 프로이트 이론을 결정한 두 번째 요인은 자본주의 구조에 바탕을 둔 인간 개념이 널리 퍼졌다는 것이다.

자본주의가 인간의 자연적 욕구와 일치한다는 것을 증명하려면, 인간은 본성상 경쟁적이고 상호 간 적의로 가득 차 있음을 증명하지 않을 수 없었다. 경제학자들은 이 점을 경제적 이득에 대한 지칠 줄 모르는 욕망이라는 관점에서 '증명하고', 다윈주의자들은 적자생존이라는 생물학적 법칙으로 '증명'했으나, 프로이트는 인간이 모든 여자를 정복하려는 무한한 욕망에 쫓기고 있고 오직 사회적 압력만이 이러한 욕망을 행동화하는 것을 저지한다고 가정함으로써 동일한 결론에 도달했다. 결과적으로 사람들은 서로 질투하지 않을 수 없고 이러한 상호 질투와 경쟁은, 비록 이러한 질투와 경쟁의 사회 경제적 원인이 모두 없어지더라도, 계속될 것이다.[6]

끝으로 프로이트의 사상은 19세기에 유행한 전형적인 유물론의 영향을 크게 받았다. 사람들은 모든 정신적 현상의 근원을 생리학적 현상에서 발견할 수 있다고 믿었다. 그러므로 프로이트는 사랑, 증오, 야심, 질투 등은 여러 가지 형태의 성적 본능의 결과라고 설명했다. 프로이트는 근본적 현실은 인간 존재의 전체에 있다는 것, 곧 첫째, 모든 인간에게 공통된 인간의 상황, 둘째, 사회의 특수한 구조에 의해 결정되는 생활상의 실천에 있다는 것을 알지 못했다. (이러한 유형의 유물론을 넘어서는 결정적 조치는 마르크스의 '유물사관唯物史觀'에 의해 취해졌고 유물사관에서는 신체나 식욕, 소유욕 등 본능이 아니라 인간의 전체적 생활 과정, 곧 인간의 '생활상의 실천'이 인간 이해의 열쇠가 된다.)

프로이트에 따르면 모든 본능적 욕구에 대한 충분하고 억압되지 않은 만족은 정신적 건강과 행복을 만들어낼 것이다. 그러나 명백한 임상적 사실을 보면 자신의 생활을 무한한 성적 만족에 바친 남자들—그리고 여자들—도 행복을 획득하지 못하고 대체로 신경증적 갈등이나 증상에 시달리고 있다. 모든 본능적 욕구에 대한 완전한 만족은 행복을 위한 기초가 아닐 뿐 아니라 정상적 정신조차 보증하지 못한다. 그러나 프로이트 사상이 제1차 세계대전 이후의 시기에 인기를 얻을 수 있었던 것은 오직 자본주의 정신에 일어난 변화 때문이었다. 곧 자본주의 정신은 절약을 강조하는 데서 낭비의 강조로, 경제적 성공을 위한 수단으로서의 자기 억제로부터 끊임없이 확대되는 시장을 위한 바탕으로, 그리고 불안해하고 자동 기계화한 개인을 위한 주된 만족으로서의 소비로 변했다. 어떠한 욕망이든 충족을 지연하지 말라는 것이 모든 물질적 소비 분야에서와 마찬가지로 성적 분야에서도 주류가 되었다.

20세기 초엽까지 파괴되지 않은 채 남아 있던 자본주의 정신과 일치하는 프로이트의 개념을, 빛나는 현대 정신분석학자 가운데 한 사람인 설리반H. S. Sullivan의 이론적 개념과 비교하는 것은 흥미로운 일이다. 설리반의 정신분석 체계에서 우리는, 프로이트 체계와는 대조적으로, 성욕과 사랑의 엄격한 구별을 발견한다.

설리반의 개념에서 사랑과 친밀감의 의미는 무엇인가? "친밀감은 두 사람을 감싸고 있는 상황의 어떤 유형으로서, 개인적 가치의 모든 구성 요소를 확인시키는 것이다. 개인적 가치의 확인에는 내가 제휴collaboration라고 부르는 관계가 필요하다. 제휴라는 말은 점점 더 동일해지는, 다시 말하면 더욱더 가까워지는 상호 만족 추구에 있어서, 그리고 점점 더 유사해가는 안전성의 효과를 유지하는 데 있어서 상대가 표명한 욕구에 대해 명백히 정식화된 방식으로 자신의 행동을 적응시키는 것을 나타낸다.[7]

만일 우리가 설리반의 약간 까다로운 어법에 말려들지 않는다면, 사랑의 본질을 두 사람이 "우리는 자신의 명예와 우월감과 공명심을 유지하기 위해 게임의 규칙에 따르고 있다"[8]고 느끼는 제휴 상태에서 볼 수 있다.

프로이트의 사랑 개념이 19세기 자본주의의 관점에 선 가부장적 남성의 경험을 기술한 것처럼, 설리반의 기술은 20세기 소외된 시장형 퍼스낼리티의 체험을 나타내고 있다. 이것은 '두 사람만의 이기주의', 곧 공통된 이해관계를 갖고 적대적이며 소외된 세계에 함께 대항하는 두 사람에 대한 기술이다. 사실상 설리반의 친밀감에 대한 정의는 원칙적으로 '공동 목표를 추구하는 데 상대방이 표명한 욕구에' 모든 사람이 '행동을 적응시키는' 협동적인 팀의 어떠한 감정에도 타당하다(여기서 설리반이 '표명한' 욕구라고 말한 것이 적어도 두 사람 사이의 '표명하지 않은' 욕구에 대한 반응을 포함하지 않고는 사랑에 대해 말할 수 없다는 뜻이라면 주목할 만하다).

상호 성적 만족인 사랑과, '팀워크'로서 고독으로부터의 피난

처인 사랑은 현대 서양 사회에서의 사랑의 붕괴, 사회적으로 유형화된 사랑의 병리학의 두 가지 '표준적' 형태다. 사랑의 병리학에는 여러 가지 개별적 형태가 있지만 이것은 의식적인 괴로움에서 생기는 것이고 정신과 의사에 의해, 또한 점점 그 수효가 늘어나고 있는 비전문가들에 의해서도 신경증으로 여겨지고 있다. 그중 가장 빈번하게 볼 수 있는 것들을 다음 예에서 간단히 설명해보겠다.

　신경증적 사랑의 기본적 조건은 '애인' 가운데 한 사람 또는 두 사람이 모두 어버이 상에 애착을 느끼고 있고, 어른이면서도 일찍이 아버지 또는 어머니에 대해 품고 있던 감정, 기대, 공포를 애인에게 전이한다는 사실에 있다. 이러한 사람들은 유아적 관계 유형에서 결코 벗어나지 못했고, 어른으로서의 애정적 욕구에 있어서도 이러한 유형을 추구하고 있다. 이러한 경우, 이 사람은 지능적·사회적으로는 자신의 생활 연령 수준에 도달해 있지만, 애정에 있어서는 두 살 또는 다섯 살, 또는 열두 살 어린아이로 남아 있다. 더 심각한 경우에 이러한 감정적 미숙성은 사회적 유능성을 방해하기도 한다. 그보다 덜 심각한 경우에 갈등은 친밀한 개인적 인간관계 분야에 국한된다.

　앞에서 검토한 아버지 또는 어머니 중심의 퍼스낼리티와 관련되는 것으로, 오늘날 자주 볼 수 있는 이러한 신경증적 애정 관계에 대한 다음 예는 정서적 발달 단계가 어머니에 대한 유아적 애착을 벗어나지 못한 남자들을 다루고 있다. 이러한 남자들은 말하자면 아직도 어머니 젖에 매달려 있는 사람들이다. 이러한 남자들은 아직도 어린아이 같은 감정을 갖고 있다. 그들은 어머니의 보호, 사랑, 따뜻함, 배려, 칭찬을 바라고 있다. 그들은 어머니의 무조건적 사랑, 곧 그들이 필요로 하고, 그들이 그녀의 자식이고 그들이 무력하다는 것 이외의 다른 이유 없이 베풀어지는 사랑을 바라고 있다. 이러한 남자들은 자신들을 사랑하도록 여자를 유인하려고 할 때, 그리고 이에 성공한 다음에도 매우 정답고 매력적이다.

그러나 그들의 여자에 대한 관계는 (사실상 다른 모든 사람과의 관계도 마찬가지이지만) 표면적이고 무책임하다. 그들의 목적은 사랑받는 것이고 사랑하는 것이 아니다. 이러한 유형의 남자들에게는 보통 상당한 허영심이 있고 다소간 숨겨진 과장된 관념이 있다. 올바른 여자를 만난다면, 그들은 안전감을 느끼고 의기양양하고 상당한 애정과 매력을 발휘할 수 있다. 그런데 이것이 바로 이러한 남자들이 대체로 기만적인 이유이다. 얼마 후 여자가 계속해서 그들의 환상적 기대에 따라 살지 않게 되면, 그들에게는 갈등과 분노가 생기기 시작한다.

여자가 그들을 한결같이 찬양하지 않으면, 여자가 그녀 나름대로의 생활을 주장하면, 여자가 사랑받고 보호받기를 원하면, 극단적인 경우이지만 여자가 다른 여자와 그의 애정 관계를 허

용하지 않으면 (혹은 이러한 애정 관계에 관심을 갖고 찬양하지 않으면)
남자는 깊은 상처를 받고 실망감을 느끼며 흔히 여자가 '그를 사
랑하지 않으며 이기적이고 또한 군림하려고 한다'는 생각으로
이러한 감정을 합리화한다. 귀여운 자식을 사랑하는 어머니의
태도가 조금이라도 결여되면 사랑이 없다는 증거로 간주된다.
이러한 남자들은 보통 그들의 애정 행위, 쾌락에 대한 그들의 소
망을 순수한 사랑으로 착각하며, 따라서 그들은 매우 부당한 대
우를 받고 있다는 결론에 도달한다. 그들은 그들 자신을 위대한
애인으로 상상하고 사랑의 상대자의 망은忘恩에 대해 몹시 불평
한다.

　이러한 어머니 중심적인 사람이 심각한 장애 없이 활동할 수
있는 경우는 매우 드물다. 만일 그의 어머니가 사실상 과잉보호
하여(아마도 군림하면서, 그러나 파괴적이지는 않은) 그를 '사랑'했다
면, 만일 그가 어머니와 같은 타입의 아내를 찾아낸다면, 만일
그의 특수한 천품과 재능이 그에게 매력을 갖추게 하고 칭찬을
받게 한다면, (때때로 성공적인 정치가에게서 볼 수 있는 경우이지만)
그는 더 높은 성숙 단계에 도달하지 않더라도, 사회적 의미에서
는 '잘 적응한다'.

　그러나 바람직한 조건이 아닌 경우에는—당연히 이런 경우가
더 많지만—비록 사회생활은 그렇지 않더라도, 그의 애정 생활
은 심각한 실망을 맛보게 될 것이다. 이러한 유형의 퍼스낼리티

를 외로운 상태에 놓아두면, 여러 가지 갈등이 일어나고 자주 심각한 불안과 우울증에 빠진다.

이러한 증상이 더 심각해지면 어머니에 대한 집착이 더욱 깊어지고 불합리해진다. 이러한 차원에서는, 상징적으로 말하면, 어머니의 아늑한 팔로 되돌아가거나 영양을 공급하는 어머니의 가슴으로 되돌아가는 것이 아니라 모든 것을 받아들이는—또한 모든 것을 파괴하는—어머니의 자궁으로 되돌아가는 것이 소망이 된다.

정상적인 정신의 본질이 자궁에서 나와 세상 속으로 성장하는 것이라면, 심각한 정신적 질환의 본질은 자궁에 이끌려 자궁 속으로 흡입되는 것이고, 따라서 생활로부터 제외되는 것이다. 이러한 종류의 집착은 흔히 이와 같이 삼켜버리고 파괴하는 방식으로 자식들과 관계하는 어머니와의 관계에서 일어난다. 때로는 사랑이라는 구실로, 때로는 의무라는 구실로, 이러한 어머니들은 미숙한 남자 아이를 자기 안에 묶어두려고 한다. 그리하여 (이런 관계 속의) 남자는 어머니를 통하지 않고서는 호흡할 수 없고 피상적인 성적 차원—다른 모든 여성들을 타락시키는—이 아니면 사랑할 수도 없다. (이런) 남자는 다만 영원한 불구자 또는 범죄자가 될 수 있을 뿐, 자유로워지거나 독립적이 될 수는 없다.

어머니의 이러한 파괴적이고 흡입하는 측면은 어머니 상像의 부정적 측면이다. 어머니는 생명을 줄 수도 있고 빼앗을 수도 있다. 어머니는 소생시키는 자이고 멸망시키는 자이다. 어머니는 사랑의 기적을 일으킬 수도 있다. 그러나 어느 누구도 어머니만큼 깊은 상처를 주지는 못한다. 종교적 형상(예컨대 힌두교의 여신 칼리)이나 꿈의 상징에서는 흔히 어머니의 상반되는 두 측면이 발견된다.

신경증적 증상의 다른 형태는 주로 아버지에게 애착을 느끼는 경우에서도 발견할 수 있다. 좋은 예로 어머니는 냉담하고 초연하지만 아버지는 (부분적으로는 아내가 냉담하기 때문이지만) 모든 애정과 관심을 아들에게 쏟는 경우를 들 수 있다. 그는 '좋은 아버지'이지만 동시에 권위적이다. 아들의 행동에 만족할 때는 언제나 아들을 칭찬하고 선물을 주고 정답다.

그러나 아들에게 불만을 느낄 때는 언제나 뒤로 물러서거나 꾸짖는다. 아들은, 그에게는 아버지의 애정이 유일한 애정이므로, 노예적인 방식으로 아버지에게 집착한다. 아들은 생활의 주요 목표가 아버지를 기쁘게 하는 것이다. 그리고 이에 성공할 때, 아들은 행복과 안정감을 느끼고 만족한다.

그러나 잘못을 저지르거나 실패하거나 아버지를 기쁘게 하는데 성공하지 못했을 때 아들은 기운을 잃고 사랑받지 못하고 버림받는다. 어른이 된 다음에도 이러한 사람은 아버지와 마찬가지 방식으로, 애착을 느끼는 사람에게서 아버지 상을 찾아내려고 할 것이다. 그의 전 생애는 부침浮沈의 연속이 되고 아버지의 칭찬을 받느냐 받지 못하느냐에 따라 달라진다. 이러한 사람들은 흔히 사회적 경력에서는 매우 성공적이다. 그들은 양심적이고 믿을 만하고 성실하다. 그들이 선택한 아버지 상像을 어떻게 다루어야 하는가를 알고 있다면 그렇다. 그러나 그들은 여자 관계에서는 초연하고 멀리 떨어져 있다.

여자는 그들에게 핵심적 중요성을 주지 못한다. 때로 어린 여자애에게 아버지 같은 관심을 보임으로써 살짝 숨기기도 하지만 보통 그들은 여자에 대한 가벼운 경멸감을 갖는다. 그들은 처음에는 이러한 남성적 성격에 의해 여자를 감동시키지만, 그들과 결혼한 여자가 남편의 생활을 항상 지배하는 아버지 상像에 대한 일차적 애정에 대해 아내는 이차적 역할밖에 할 수 없음을 알게 될 때, 다시 말하면 아내가 자신의 아버지에게 애착을 느끼는 단계에 머물러 있어서 남편이 변덕스러운 어린아이를 다루듯 그녀를 다루는 것을 행복으로 느끼지 않는 한, 그들은 점점 더 실망할 뿐이다.

어버이가 서로 사랑하지 않으면서도 말다툼을 억제하거나 불만의 징조를 밖으로 나타내지 않으려고 할 때 일어나는 어버이들의 특이한 상황을 바탕으로 하는, 사랑에 있어서의 신경증적 장애는 더욱 복잡하다. 양친의 소원한 관계는 동시에 자녀와의 사이도 부자연스럽게 만든다. 소녀가 경험하는 것은 '예의 바른'

분위기이지만, 아버지나 어머니와 밀접한 관계를 갖게 하는 분위기는 결코 아니어서 소녀는 당황하고 무서워한다. 소녀는 어버이가 느끼고 생각하는 것을 결코 알지 못한다. 이러한 분위기에는 미지의 신비적인 요소가 있다. 그 결과 소녀는 자기 자신의 세계, 곧 백일몽에 빠져버리고 항상 겉돌고 나중에 그녀의 애정 관계에서도 동일한 태도를 유지한다.

더 나아가 이와 같이 움츠리면 강렬한 불안, 곧 세상에 굳게 뿌리박고 있지 못하다는 감정이 생기고, 강렬한 흥분을 경험하는 유일한 방법으로서 흔히 피학대 음란증적 경향을 갖게 된다. 대개 이런 여자는 남편을 야단치고 소리지르게 만들기를 좋아하고 남편이 정상적으로 분별력 있게 행동하는 것을 좋아하지 않을 것이다.

남편이 야단치고 소리지르면 적어도 긴장이라는 무거운 짐과 여기서 생기는 공포를 제거할 수 있을 것이기 때문이다. 애정의 중간 상태라고 하는 괴로운 미결 상태를 종결하려고 무의식적으로 이러한 행동을 유발하는 경우도 드물지 않다.

다음으로 자주 볼 수 있는 불합리한 사랑의 다른 형태들을 설명하기로 한다. 그러나 이러한 형태의 근원에 놓여 있는, 유년기 발달에 있어서의 특수한 요인들은 분석하지 않기로 한다.

흔하지는 않으나 가끔 '위대한 사랑'으로서 경험되는 (영화나 소설에서 자주 묘사되는) 사이비 사랑의 형태는 '우상 숭배적 사랑'

이다. 어떤 사람이 자기 자신의 힘의 생산적 전개에 바탕을 둔 동일성, 곧 자아를 인식하는 단계에 도달하지 못하면, 그는 사랑하는 사람을 '우상화'하기 쉽다. 그는 자기 자신의 힘으로부터 소외되고 이 힘을 사랑하는 사람에게 투사하고 사랑하는 사람을 최고 선, 곧 온갖 사랑, 온갖 빛, 온갖 지복을 간직하고 있는 자로서 숭배한다. 이러한 과정에서 그는 자기 자신으로부터 힘에 대한 모든 감각을 박탈하고, 자기 자신을 찾는 대신 사랑하는 사람에게서 자기 자신을 잃어버린다. 대체로 그녀를(또는 그를) 우상시하는 자의 기대에 따라 살아갈 수 있는 사람은 없기 때문에 결국은 실망하기 마련이고 따라서 보상으로서 새로운 우상을 찾게 되는데, 때로는 이러한 순환이 끝나지 않는 경우도 있다. 이러한 우상 숭배적 사랑의 특징은 첫째로 강렬하고 갑작스러운 사랑의 경험이라는 점이다. 이러한 우상 숭배적 사랑은 흔히 참되고 위대한 사랑으로 묘사된다. 그러나 이것은 사랑의 강렬함과 깊이를 묘사하는 것이기는 하지만, 단지 우상 숭배자의 갈망과 절망을 드러내는 데 지나지 않는다. 말할 것도 없이 두 사람이 서로 우상시하는 경우도 드물지 않으며 때로는 극단적인 경우, 감응정신병感應精神病 형태가 되기도 한다.

사이비 사랑의 다른 형태는 '감상적 사랑'이라고 부를 수 있다. 사랑은 환상 속에서만 경험될 뿐, 실재하는 다른 사람과 여기서 지금 맺고 있는 관계에서는 경험되지 않는다는 사실에 이러한 사랑의 본질이 있다. 가장 광범하게 퍼져 있는 이러한 사랑의 형태는 영화와 잡지의 사랑 이야기나, 사랑 노래의 소비자들에 의해 경험되는 사랑의 대상적 만족에서 찾아볼 수 있다.

사랑, 합일, 친밀감을 바라는 충족되지 않은 욕망은 이러한 생산품을 소비하는 데서 만족을 찾는다. 배우자와의 관계에서 분리의 벽을 허물 수 없었던 남자와 여자는 스크린 속 부부의 행복한 또는 불행한 사랑의 이야기에 참여할 때 감동을 받고 눈물을 흘린다. 많은 부부들이 스크린 위에서 전개되는 이러한 이야기를 구경할 때 서로 사랑을 주고받지는 못하지만 함께 다른 사람의 '사랑'의 구경꾼으로서 사랑을 경험하는 유일한 기회를 갖는다. 사랑이 백일몽인 한, 그들은 참여할 수 있다. 그러나 사랑이 실재하는 두 사람 사이의 현실적인 관계가 될 때, 그들은 얼어붙는다.

감상적 사랑의 또 하나의 측면은 시간에 의한 사랑의 추상화이다. 부부는 그들의 지난날의 사랑—비록 이 과거가 현재였을 때에는 사랑을 전혀 경험하지 못했더라도—의 기억이나 미래의 사랑의 환상에 의해 깊은 감동을 받을 수도 있다. 그들이 생활하고 있는 바로 이 순간에 이미 서로 싫증을 느끼면서도 얼마나 많은 약혼자, 또는 신혼부부가 미래에 있을 사랑의 축복을 꿈꾸는가? 이러한 경향은 현대인의 일반적 태도와 일치한다. 현대인은 과거나 미래에 살지 오늘을 살지 못한다. 현대인은 감상적으로 어린 시절이나 어머니를 회상하고, 또는 미래에 대해 행복한 계획을 세운다. 다른 사람들의 가공적인 경험에 참여함으로써 대상적으로 사랑을 경험하든, 또는 사랑의 경험이 현재에서 과거 또는 미래로 옮겨지든, 이와 같이 추상화되고 소외된 사랑의 형태는 개인의 현실적 고통과 고독과 분리감을 완화해주는 마취제로서 작용한다.

신경증적 사랑의 또 하나의 형태는 자기 자신의 문제를 회피하고 그 대신에 '사랑하는' 사람의 결함이나 결점에 관여하려고 '투사적 메커니즘'을 이용하는 것이다. 이러한 점에서 개인은 집단, 민족 또는 종교와 매우 흡사한 행동을 한다. 그들은 다른 사람의 사소한 결점까지도 낱낱이 비판하고 자기 자신의 결점을 천연덕스럽게 무시해버린다. 항상 다른 사람들을 비난하고 개조하기에 바쁜 것이다. 두 사람이 모두 이와 같이 하면—아주 흔히 있는 일이지만—사랑의 관계는 상호 투사의 관계로 변한다. 만일 내가 오만하거나 우유부단하거나 탐욕스럽다면, 나는 상대방의 이러한 점을 비난하고 나의 성격에 따라 그를 고치거나 처벌하려고 한다. 상대방도 이와 같이 한다. 이렇게 해서 두 사람은 그들 자신의 문제를 무시하는 데 성공하고 따라서 그들 자신의 발달에 도움이 되는 조치를 하는 데 실패한다.

투사의 또 다른 형태는 자기 자신의 문제를 어린아이들에게 투사하는 것이다. 우선 이러한 투사는 흔히 자식에 대한 소망과 관련해서 일어난다. 이러한 경우, 자식들에 대한 소망은 일차적으로는 자기 자신의 실존의 문제를 자식의 문제에 투사함으로써 결정된다. 어떤 사람이 자신의 생활에 의의가 없다고 느낄 때, 그는 자식들의 생활을 통해 의의를 느끼려고 한다.

그러나 이러한 사람은 자기 자신의 내면에 있어서나 자식들에 대해서나 반드시 실패하기 마련이다. 실존의 문제는 각자에 의해 스스로의 힘으로서만 해결될 수 있고 남이 대신 해결해줄 수 없기 때문에 자기 자신의 내면에서 실패하지 않을 수 없다. 이러한 사람들에게는 자식들로 하여금 스스로 해답을 찾도록 인도하는 데 필요한 자질이 결여되어 있기 때문에 이들은 어린아이에 대해서도 실패한다. 불행한 결혼을 해소하려고 할 때에도 자식들이 투사의 목적에 이용된다. 이러한 상황에서 어버이들이 흔히 벌이는 논쟁은 화목한 가정이 주는 행복을 자식들에게서 빼앗지 않기 위해서는 헤어져서는 안 된다는 것이다.

그러나 좀 더 자세하게 검토하면 '화목한 가정' 안에 감도는 긴장과 불행의 분위기가 공공연한 결별보다도 자식들에게 더 해롭다는 것을 알게 될 것이다. 공공연한 결별은 적어도 자식들에게, 인간은 용감한 결정으로 참을 수 없는 상황을 종결할 수 있음을 가르쳐줄 것이다.

여기서 자주 볼 수 있는 또 하나의 오류에 대해 언급하지 않을 수 없다. 즉 사랑은 갈등이 전혀 없는 상태를 의미한다고 보는 환상이다. 어떠한 환경 밑에서든 고통과 슬픔은 피해야 한다고 생각하는 것이 사람들의 습관인 것처럼, 그들은 갈등이 전혀 없는 것이 사랑이라고 믿고 있다. 그들을 둘러싸고 일어나는 투쟁은 어느 쪽 당사자에게도 좋은 결과를 초래하지 못하고 오직 서로 파괴해버리는 것 같다는 사실에서 그들은 이러한 생각에 대한 좋은 이유를 찾아낸다.

그러나 이와 같이 되는 이유는 대부분의 사람들이 말하는 '갈등'이 사실은 '진짜' 갈등을 회피하려는 노력이라는 사실에 있다. 그들이 말하는 갈등은 사소한 또는 피상적인 문제에 대한 의견의 불일치이고, 이러한 불일치는 본질적으로 명료해지거나 해결될 수 없다. 두 사람 사이의 진짜 갈등, 곧 은폐하거나 투사하는 데는 도움이 되지 않고 그들이 속해 있는 내면적 현실의 같은 차원에서 경험되는 갈등은 파괴적인 것이 아니다. 이러한 갈등은 명료해지고 카타르시스 작용을 하며, 이러한 카타르시스로 말미암아 두 사람은 더 많은 지식과 힘을 갖게 된다. 이러한 점 때문에 위에서 말한 바를 강조한 것이다.

두 사람이 서로 그들 실존의 핵심으로부터 사귈 때, 그러므로 그들이 각기 자신의 실존의 핵심으로부터 자기 자신을 경험할 때 비로소 사랑은 가능하다. 오직 이러한 '핵심적 경험'에만 인간의 진실이 있고 오직 여기에만 생기가 있고 오직 여기에만 사랑의 기반이 있다. 이와 같이 경험되는 사랑은 끊임없는 도전이다. 그것은 휴식처가 아니라 함께 움직이고 성장하고 일하는 곳이다. 거기에 조화, 갈등, 기쁨, 슬픔 중에 무엇이 있는가 하는 문제는 부차적이다. 근본적인 문제는, 두 사람이 서로의 존재를 에센스 차원에서 경험하는 것이요, 각자가 자신들에게서 도망치지 않고 자기 자신과 하나가 됨으로써 서로 합일되는 것이다. 사랑의 현존에 대해서는 오직 하나의 증거가 있을 뿐이다. 곧 관계의 깊이, 관련된 각자의 생기와 힘이 그것이다. 이것은 사랑을 인식하게 하는 열매이다.

자동 인형은 서로 사랑하지 못하는 것처럼 신을 사랑하지도 못한다. '신에 대한 사랑의 붕괴'는 인간에 대한 사랑의 붕괴와 같은 정도에 이르렀다. 이러한 사실은 이 시대에 있어서 우리가 종교 부흥을 목격하고 있다는 사상과 명백하게 모순되고 있다. 이 사상보다 진실로부터 더 멀리 떨어져 있는 것은 없으리라.

우리가 목격하고 있는 것은 (비록 예외는 있더라도) 신에 대한 우상 숭배적 개념으로의 퇴행이며 신에 대한 사랑을 소외된 성격 구조에 적합한 관계로 변형시키는 것이다. 신에 대한 우상 숭배적 개념으로의 퇴행은 쉽게 알 수 있다. 사람들은 불안하고 원칙이나 신념이 없으며, 그들에게는 전진한다는 목표 말고는 아무런 목표도 없다. 그러므로 그들은 계속해서 어린아이와 같은 상태에 남아 있으면서 도움이 필요할 때는 아버지나 어머니가 도우러 오기를 희망한다.

사실상 중세 문화와 같은 종교적 문화에서는, 평범한 사람은 역시 신을 도움을 주는 아버지요 어머니로 생각했다. 그러나 동시에 자기 생활의 최고 목표를 신의 원칙에 따라 사는 것으로, '구원'을 다른 모든 활동이 종속하는 최고의 관심으로 삼았다. 이런 의미에서 볼 때 그는 신을 진지하게 생각하고 있었다.

오늘날 이러한 노력은 전혀 없다. 매일의 생활은 어떤 종교적 가치에서도 엄격하게 단절되어 있다. 매일의 생활은 물질적 안락에 대한 갈망, 퍼스낼리티 시장에서 성공하려는 갈망에 바쳐지고 있다.

우리의 세속적 생활이 의거하는 원칙은 무관심과 이기주의의 원리이다(후자는 흔히 '개인주의' 또는 '개인의 창의創意'로 불린다). 참으로 종교적인 문화를 익힌 사람에게는 조력자로서의 아버지가 필요한데, 이를 아버지의 가르침과 원칙을 자기 생활에 받아들이기 시작한 여덟 살 난 어린아이에 비교할 수 있다.

현대인은 오히려 세 살 난 어린아이, 곧 아버지가 필요할 때는 아버지를 찾으며 울지만 그렇지 않을 때는 놀이를 할 수 있는 한, 전적으로 자기 만족을 느끼고 있는 어린아이와 같다.

이러한 점에서, 다시 말하면 신의 원칙에 따라 생활을 바꾸지 않고 갓난아이처럼 신인동형적 신상神像에 의존하고 있다는 점에서 우리는 중세의 종교적 문화보다는 오히려 우상 숭배를 하는 원시 부족에 더 가깝다. 다른 점에서, 우리의 종교적 상황은 현대의 서양 자본주의 사회에만 특유한 새로운 특징을 보이고 있다.

나는 이 책 앞부분에서 말한 것을 지적할 수 있다. 현대인은 자기 자신을 상품으로 만들었다. 현대인은 자기 자신의 생명력을 퍼스낼리티 시장에서 자신의 위치와 상태를 고려하여 최고의 이익을 올려야 할 투자로서 경험하고 있다. 현대인은 자기 자신으로부터, 동료로부터, 자연으로부터 소외되어 있다.

현대인의 주요 목표는 자신의 기술, 지식 그리고 자기 자신, 곧 '인격의 패키지 상품'을 다른 사람—역시 똑같은 생각을 갖고 있는—과 공정하고 유익하게 교환하는 것이다. 인생에는 다른 게 없다. 오직 있는 것은 앞으로 나아가야 한다는 목표, 공정한 교환이라는 원칙, 소비한다는 만족만 있을 뿐이다.

이러한 상황에서 신의 개념은 무엇을 의미할 수 있는가? 신의 개념은 본래의 종교적 의미에서 성공을 중심으로 하는 소외된 문화에만 적합한 의미로 바뀌었다. 근래 그것이 종교적으로 어떤 형태로 되살아났는가 하면, 신에 대한 신앙은 인간을 경쟁적 투쟁에 더 적합하게 만드는 심리적 책략으로 바뀌었다.

종교는 인간의 사업상의 활동에서는 인간을 돕기 위해 자기 암시 및 심리 요법과 제휴한다. 1920년대에 우리는 우리의 퍼스낼리티를 개선하기 위해 신을 갈구하지는 않았다. 1930년대의 베스트셀러인 데일 카네기Dale Carnegie의《어떻게 친구를 얻고 또 사람들에게 영향을 미치는가》는 엄밀하게 세속적 수준에 머물러 있었다. 당시에 카네기의 책이 수행한 역할은 오늘날 최대의 베스트셀러인 N. V. 피일Peal 목사의 《적극적 사고력》의 기능과 같다. 이 종교적 책에서는 성공에 대한 우리의 지배적 관심이 일신론적 종교의 정신과 일치하는가 하는 것은 문제도 되지 않는다. 반대로 이 최고의 목표를 결코 의심하지 않으면서 신에 대한 신앙과 기도를 성공하는 데 필요한 능력을 증진하는 수단으로 권고하고 있다.

정신과 의사가 고객에게 좀 더 어필하기 위해서는 고용인들이 행복해야 한다고 권고하는 것처럼, '신을 당신의 반려로 삼으라'는 말은 사랑과 정의와 진리에 있어서 신과 일체가 되기보다는 오히려 사업에 있어서 신을 동업자로 만들라는 의미이다.

형제애가 비개인적 공정성으로 대체된 것처럼, 신은 멀리 떨어져 있는 '우주'라는 주식회사의 사장으로 변했다. 당신은 신이 저기에 있고 신이 쇼를 연출하고 있다는(신이 없어도 아마 쇼는 연출되겠지만) 것을 알고 있고, 당신은 신을 결코 보지 못하지만 당신이 '당신의 역할을 수행하고' 있는 동안에는 신의 리더십을 인정하고 있다.

4

사랑의 실천

우리는 사랑의 기술의 이론적 측면을 다루어왔거니와, 이제 더욱 힘든 문제, 곧 '사랑의 기술의 실용' 문제에 직면하게 되었다. 어떤 기술의 실용에 대해서 그 기술을 실용하는 것 이외에 더 배울 것이 있을까?

이 문제의 어려움은 오늘날 대부분의 사람들, 즉 이 책의 많은 독자들이 '어떻게 기술을 스스로 활용할 것인가'에 대해 처방을 내려주기를 기대하고 있고, 게다가 우리의 경우에는 어떻게 사랑할 것인가를 가르쳐야 한다는 사실에 의해 더욱 증대된다. 나는 이 마지막 장에 이러한 정신으로 접근하는 사람들이 모두 몹시 실망하게 될까 두렵다. 사랑한다는 것은 누구든지 자기 혼자서 몸소 겪어야 하는 개인의 경험이다. 사실상 이 경험을 적어도 어린이, 청년, 어른으로서 흔적만 남는 방식으로라도 겪지 않은 사람은 거의 없다.

　사랑의 실천에 대한 검토에서 할 수 있는 일은 사랑의 기술의 전제를 검토하고, 사랑에의 접근을 있는 그대로 검토하고, 이러한 전제와 접근법의 실용을 검토하는 것이다. 이 목표에 이르는 단계는 오직 자기 혼자서만 실천할 수 있고, 이에 대한 검토는 결정적 단계에 이르기 전에 끝난다. 그럼에도 나는 이러한 접근에 대한 검토가 사랑의 기술에 숙달하는 데 도움이 되리라고 믿는다. 적어도 '처방'을 기대하는 마음에서 풀려난 사람들에게는.

　그것이 목공 기술을 다루든, 의학 기술을 다루든, 어떤 기술의 실용에는 다루는 기술과는 전혀 관계없이 요구되는 일반적인 요청이 있다. 우선 기술의 실용에는 '훈련'이 요구된다. 훈련된 방식으로 이 기술을 실행하지 않는다면 결코 이 기술에 숙달되지 못할 것이다. '그럴 기분이기' 때문에 어떤 일을 하는 것도 좋은 일이고 재미있는 취미일지는 모르지만, 결코 그 기술에 숙달되지는 못할 것이다.

　그러나 문제는 어떤 특수 기술의 실용을 위한 훈련(매일 일정한 시간 동안 연습하는 것을 말한다) 문제에 그치지 않고 전 생애를 통한 훈련의 문제가 된다는 데 있다. 현대인에게는 훈련보다 더 익히기 쉬운 것은 없다고 생각할는지도 모른다. 우리는 가장 훈련된 방식으로 엄격하게 규격화된 일을 하면서 하루에 여덟 시간씩 보내고 있지 않은가? 그러나 사실 현대인은 일을 떠나서는 자기훈련의 시간을 거의 갖지 못하고 있다. 현대인은 일하지 않을 때에는 게을리 지내거나 빈둥거리고 싶어 하며, 더 좋은 말을 쓴다면 '긴장을 풀고' 싶어 한다. 게으름을 피우려는 이러한 소망은 주로 생활의 규격화에 대한 반발이다. 현대인은 자기 자신의 것이 아닌 목적을 위해, 자기 나름의 것이 아니라 일의 리듬에 의해 그에게 지시된 방식으로 어쩔 수 없이 하루에 여덟 시간씩 자기의 에너지를 사용해야 하기 때문에 반항하며, 그의 반항은 유아적 자기방종의 형태를 취한다. 덧붙여서 권위주의에 맞서는 싸움에서 현대인은 모든 훈련을—스스로 부과한 합리적 훈련과 마찬가지로 불합리한 권위에 의해 강요된 훈련도—신뢰하지 않는다. 그러나 이러한 훈련이 없으면, 생활은 파괴되고 혼란을 일으키고 중심을 잃게 된다.

'정신 집중'이 어떤 기술을 습득하는 데 필수조건이라는 것은 거의 증명할 필요가 없다. 어떤 기술을 배우려고 해본 사람은 누구든지 이 점을 알고 있다. 그러나 자기훈련 이상으로, 정신 집중도 우리 문화에는 드물다. 반대로 우리 문화는 어떤 나라의 문화와도 비교할 수 없을 정도로 중심이 없고 혼란한 생활 방식으로 이끌어지고 있다. 당신은 한꺼번에 많은 일을 할 수 있다. 곧당신은 책을 읽으며 라디오에 귀를 기울이고 이야기를 하고 담배를 피우고 먹고 마신다.

당신은 모든 것—그림, 술, 지식 등—을 삼켜버리는 데 열중하고 또 그럴 용의를 갖추고 있는, 입을 크게 벌린 소비자이다. 이와 같이 정신을 집중하지 못한다는 것은 우리가 자기 홀로 있기 어렵다는 점에 명백히 나타나 있다. 대부분의 사람들에게는 떠들고 담배 피우고 읽고 마시지 않고 조용히 앉아 있는 것이 불가능한 일이다. 그들은 짜증을 내고 조바심을 치며 입으로든 손으로든 무슨 일을 하지 않고서는 견디지 못한다.(담배를 피우는 것은 정신 집중이 되어 있지 않다는 징후의 하나다. 담배를 피우려면 손과 입과 눈과 코가 필요하다.)

세 번째 요소는 '인내'이다. 다시 말하지만 기술에 숙달하려고 해본 사람은 누구든지 어떤 일을 달성하려면 인내가 필요하다는 것을 알고 있다. 빠른 결과만을 바란다면, 우리는 결코 기술을 배우지 못한다. 그럼에도 현대인에게 인내는 훈련이나 정신 집중과 마찬가지로 어렵다.

우리의 모든 산업 조직은 정반대의 것, 곧 신속성을 촉구한다. 모든 기계는 신속성을 갖도록 설계되었다. 자동차와 비행기는 신속하게 우리를 목적지에 데려다준다. 그리고 빠르면 빠를수록 더 좋다. 같은 양量을 생산하는 데 드는 소요 시간을 반으로 단축해낼 수 있는 기계는 그보다 낡고 느린 기계보다는 두 배나 좋다. 물론 여기에는 중요한 경제적 이유가 있지만 다른 여러 가지 측면에서 그런 것처럼 인간의 가치는 경제적 가치에 의해 결정된다. 기계에 대해 좋은 것은 인간에 대해서도 좋은 것이어야 한다. 논리는 이렇게 계속된다. 현대인은 일을 신속하게 처리하지 못할 때는 무엇인가를, 곧 시간을 잃고 있다고 생각한다. 그럼에도 이렇게 해서 얻은 시간을 어떻게 써야 할지 알지 못한다. 시간을 허비하는 것 말고는.

끝으로, 어떤 기술을 배우는 조건은 기술 습득에 대한 '최고의 관심'이다. 그 기술이 최고로 중요한 것이 아니라면, 견습공은 이 기술을 배우려고 하지 않을 것이다. 그는 기껏해야 애호가로 남아 있을 뿐 결코 명장名匠이 되지는 못할 것이다. 이러한 조건은 어떤 다른 기술과 마찬가지로 사랑의 기술에도 필요하다. 그러나 다른 기술의 경우와 달리 사랑의 기술에서는 명장과 애호가의 비중이 애호가 쪽으로 훨씬 기울어지는 것 같다.

기술을 배우는 일반적 조건에 대해서 한 가지를 더 보충해야겠다. 우리는 말하자면 기술을 직접적으로 배우기 시작하지 않고 간접적으로 배우기 시작한다. 우리는 그 기술을 배우기 시작하기 전에 다른 많은 일들―때로는 일견 관계없는 듯한 일들―을 배워야 한다.

목공 기술을 배우는 자는 나무를 깎는 법부터 배워야 한다. 피아노 연주를 배우는 자는 음계 연습부터 시작해야 한다. 궁술弓術의 선적禪的 기술을 배우는 자는 호흡에서부터 시작해야 한다.[1] 우리가 어떤 기술에 숙달하려면 삶 전체를 이 기술에 바치거나 적어도 이 기술과 관련시켜야 한다. 자기 자신이 기술 훈련의 도구가 되어야 한다.

사랑의 기술에 대해서 이 말은, 이 기술 분야에서 명장이 되려는 야망을 가진 사람은 누구든지 삶의 모든 국면을 통해 훈련, 정신 집중, 인내를 '실행'하는 것으로부터 시작해야 한다는 의미이다.

어떻게 훈련을 하는가? 우리 할아버지들은 이 물음에 더 잘 대답할 자격을 갖고 있을 것이다. 그들의 권고는 아침 일찍 일어나고, 불필요한 사치에 탐닉하지 말고, 열심히 일하라는 것이다. 이러한 종류의 훈련에는 분명히 결점이 있다. 이러한 훈련은 엄격하고 권위주의적이었고, 절약과 저축의 미덕에 집중되어 있었고, 여러 가지 면에서 생활에 적대적이었다.

그러나 이러한 종류의 훈련에 대한 반발로서 '어떠한' 훈련이든 의심하고 훈련을 받지 않은 채, 생활의 나머지 부분에서는 여덟 시간 일하는 동안 부과되는 규격화된 생활 방식과는 반대되는 것에 탐닉해서 균형을 잡으려는 경향이 점점 늘어나고 있다. 일정한 시간에 일어나는 것, 하루의 일정한 시간을 명상·독서·음악 감상·산책 등에 할당하는 것, 최소한의 시간 이상으로는 탐정 소설이나 영화 같은 도피주의적 활동에 탐닉하지 않는 것, 과식하거나 과음하지 않는 것 등은 분명히 초보적 규칙이다.

그러나 훈련이 외부로부터 부과된 규칙처럼 실행되어서는 안 되고 자신의 의지 표현이 되어야 한다는 것, 다시 말하면 훈련을 즐겁게 생각하고 훈련을 그만두면 결국 실패하게 될 행동에 천천히 익숙해지는 것이 본질적인 일이다. 훈련은 어쨌든 고통스러운 것으로 가정하고, 고통스러운 훈련만이 좋은 훈련이라고 생각하는 것은 서양의 훈련에 대한 개념(모든 덕에 대해서도 마찬가지이거니와)의 불행한 한 측면이다. 동양에서는 이미 오래전부터 인간에게—인간의 심신心身에—좋은 것은, 비록 처음에는 약간의 저항을 극복해야 하더라도, 역시 즐거운 것이 아닐 수 없다는 것을 깨닫고 있다.

정신 집중은 우리 문화에서는 실행하기 더욱 어려운 일이다. 우리 문화에서는 모든 일이 정신 집중의 능력과 어긋나는 작용을 하는 것 같기 때문이다. 정신 집중을 배우는 가장 중요한 단계는 독서를 하거나 라디오를 듣거나 담배를 피우거나 술을 마시지 않고 홀로 있는 것을 배우는 것이다. 사실상 정신을 집중할 수 있다는 것은 홀로 있을 수 있다는 것을 의미한다. 그리고 이러한 능력은 사랑의 능력의 불가결한 조건이다.

내가 자립할 수 없기 때문에 다른 사람에게 집착한다면, 그 또는 그녀는 생명을 구조하는 자일 수는 있지만 그 관계는 사랑의 관계가 아니다. 역설적으로 말하면 홀로 있을 수 있는 능력은 사랑할 수 있는 능력의 조건이 된다. 홀로 있으려고 해본 사람은 누구든 이것이 얼마나 어려운 일인가를 알게 될 것이다. 그는 침착하지 못하고 조바심을 느끼며 심지어 상당한 불안까지도 느끼기 시작할 것이다. 이러한 훈련은 가치 없고 어리석으며 너무 많은 시간을 빼앗는다는 등의 이유를 들어 그는 훈련을 계속하기 싫은 자신의 마음을 합리화하기 쉽다. 또한 그는 자신의 마음을 사로잡는 온갖 상념이 마음속에 떠오르는 것을 관찰할 것이다. 그는 마음을 비우기보다는 오히려 그날 이후의 계획을 생각하고, 처리해야 할 어려운 업무를 생각하고, 저녁에는 어디에 갈까 생각하고, 마음을 흡족하게 할 여러 가지 일을 생각할 것이다.

두세 가지 매우 간단한 연습, 예컨대 편안한(단정치 못하거나 딱딱하지 않은) 자세로 앉아서 눈을 감고 눈앞에 있는 흰 스크린을 보려고 하고 마음속에 떠오르는 온갖 상념과 생각을 제거하려고 하며 자신의 호흡을 맞춰나가는 것, 그러나 이에 대해 생각하지 않고 또 강요하지도 않고 단지 호흡을 따라가는 것, 그리고 이렇게 하면서 호흡을 느끼는 것, 더 나아가 '나', 곧 내 힘의 중심으로서의, 나의 세계의 창조자로서의 나 자신을 느끼는 것 등은 도움이 될 것이다. 우리는 적어도 매일 아침 20분 동안(가능하다면 더 길게), 그리고 매일 저녁 잠자리에 들기 전에 이러한 정신 집중 연습을 해야 할 것이다.[2]

이러한 연습 이외에도 우리가 하는 모든 일, 곧 음악 감상, 독서, 사람들과의 대화, 경치 구경 등에 전념하는 법을 배워야 한다. 바로 이 순간 하고 있는 활동이 유일하게 중요한 일이 되어야 하고 이 일에 몰두해야 한다. 만일 정신 집중이 되었다면 지금 '무엇'을 하고 있느냐 하는 것은 별로 중요하지 않다. 중요한 일이나 중요하지 않은 일이나, 우리의 충분한 주목을 받게 되기 때문에 새로운 차원의 현실성을 갖게 된다.

정신 집중을 배우려면 되도록이면 쓸데없는 대화, 다시 말하면 순수하지 못한 대화를 피해야 한다. 두 사람이 다 잘 알고 있는 나무의 성장에 대해, 또는 방금 함께 먹은 빵의 맛에 대해, 또는 직업상의 공통 경험에 대해 이야기한다면, 이러한 대화는, 그들이 지금 말하고 있는 일을 이미 경험했고 또 이 일을 추상적 방식으로 다루고 있지 않기 때문에, 적절한 대화일 것이다.

한편 정치 문제나 종교 문제에 대해 이야기하면서도 이 대화가 보잘것없는 경우도 있다. 이러한 경우는 두 사람이 진부한 표현으로 말하거나, 그들의 마음을 이야기하는 대상에 기울이지 않을 때 생긴다. 나는 여기서 쓸데없는 대화를 피하는 것이 중요하듯이 나쁜 친구를 피하는 것도 중요하다고 덧붙이지 않을 수 없다. 나쁜 친구란 악의가 있고 파괴적인 사람들만을 가리키지는 않는다.

생활 궤도가 불쾌하고 음울한 친구들도 피해야 한다. 또한 부두교教의 마술사 같은 친구들(부두교는 서인도 및 미국 남부 흑인들 사이에 행해지는 일종의 사교邪教이다), 곧 육신은 살아 있으나 정신은 죽은 자들, 사상과 대화가 보잘것없는 자들, 이야기하는 것이 아니라 지껄이는 자들, 생각하지 않고 상투적인 의견을 주장하는 자들 역시 피해야 한다.

　그러나 이러한 사람들의 친구가 되는 것을 피한다는 것이 항상 가능하지도 않고 또한 필요하지도 않다. 만일 기대되는 방식—곧 상투적이고 보잘것없는 방식—으로 반응하지 않고 직접적으로 인간적인 반응을 보인다면, 이러한 사람들은 예기치 못한 충격으로 말미암아 행동을 바꾸게 될 것이다.

　다른 사람과의 관계에서 정신을 집중한다는 것은 일차적으로 다른 사람의 이야기를 경청한다는 뜻이다. 대부분의 사람들은 사실은 경청하지 않으면서도 다른 사람의 이야기를 듣는 체하고 심지어 충고까지 한다. 그들은 다른 사람의 이야기를 진지하게 받아들이지 않으며, 그들 자신의 대답조차도 진지하게 생각하지 않는다. 그 결과 대화는 그들을 피곤하게 만든다. 그들은 정신을 집중하고 듣는다면 더욱 피곤해질 것이라는 환상에 사로잡혀 있다.

　그러나 사실은 정반대이다. 어떤 활동이든, 만일 정신을 집중한 상태에서 행한다면, 우리를 더욱 각성시키지만(비록 후에는 자연스럽고 유익한 피로감이 생기지만), 정신이 집중되지 않은 모든 활동은 우리를 졸립게 만든다. 그런데 정신이 집중되지 않은 활동은 그날 밤 잠들기 어렵게 만든다.

　정신을 집중한다는 것은 전적으로 현재에, 지금 여기에 살고 있다는 것, 따라서 지금 무엇인가 하고 있으면서 다음에 해야 할 일은 생각하지 않는다는 뜻이다. 말할 것도 없이 정신 집중은 서로 사랑하고 있는 거의 모든 사람이 실행해야 한다. 그들은 관습적으로 행해지고 있는 여러 가지 방식으로 도피하지 말고 서로 친밀해지는 법을 배워야 한다.

정신 집중 훈련이 처음엔 어려우리라. 마치 목적을 달성할 수 없을 것처럼 생각되리라. 이것이 인내가 필요하다는 의미임은 말할 필요도 없다. 모든 일에는 (이루어지는) 때가 있다. (그것이 이루어질 때까지 인내하고) 억지로 할 필요가 있다. 이를 알지 못한다면 사실상 우리는 결코 정신 집중도 또한 사랑의 기술도 배우지 못할 것이다. 인내가 어떤 것인지 알려면 걸음마를 배우는 어린아이를 지켜보기만 하면 된다. 넘어지고 또 넘어지고 또 넘어져도, 어린아이는 계속 시도하며 조금씩 고쳐나가서 결국 어느 날엔가는 쓰러지지 않고 걷는다. 만일 어른이 중요한 일을 추구하면서 어린아이 같은 인내와 정신 집중에 도달한다면, 무슨 일인들 성취하지 못하랴!

우리는 '자기 자신에 민감하지' 못하면 정신 집중도 배우지 못한다. 이 말의 뜻은 무엇인가? 줄곧 자기 자신을 생각하고 자기 자신을 '분석'해야 한다는 말인가, 또는 그 밖의 일을 말하는가? 만일 우리가 기계에 대해 민감하라고 말하고 있다면, 무슨 뜻인지를 설명하는 것은 별로 힘들지 않을 것이다.

예를 들면 자동차를 운전하고 있는 사람은 누구든지 자동차에 민감하다. 소리가 작더라도 듣지 못하던 소음이면 곧 알아차리고, 모터의 가속장치에 일어난 작은 변화도 곧 알아차린다. 같은 방식으로 운전자는 도로 표면의 변화나 앞뒤 자동차의 움직임에도 민감하다. 그러나 그가 이러한 모든 요인에 '대해 생각하고 있지'는 않다. 그의 정신은 긴장을 푼 경계 상태이고 그의 정신이 집중되어 있는 상황—자동차를 안전하게 운전한다는 상황—과 관련된 모든 타당한 변화에 대해서 개방되어 있다.

다른 사람에 대한 민감한 상황을 보고 싶다면, 가장 현저한 예를 우리는 어머니의 어린아이에 대한 민감성과 재빠른 반응에서 찾아볼 수 있다. 어머니는 어린아이의 약간의 신체적 변화, 요구, 불안 등을 그것이 분명하게 표현되기 이전에 알아차린다. 어머니는 어린아이가 울면 곧 잠이 깬다. 다른 소리였다면 훨씬 요란하더라도 어머니를 깨우지 못했을 경우에도. 이러한 모든 일은 어머니가 어린아이의 생명의 표현에 민감함을 보여준다.

어머니는 불안하거나 근심하는 것이 아니라, 어린아이가 보내는 의미 있는 커뮤니케이션은 무엇이든지 받아들일 수 있는 빈틈없는 균형 상태에 있는 것이다. 이와 마찬가지로 우리는 우리 자신에게 민감할 수 있다. 예를 들면 우리는 피곤하다는 느낌, 또는 우울하다는 느낌을 알고 피로감에 젖거나 언제나 신변에 따르기 마련인 우울한 생각으로 우울감을 부채질하는 대신, '무슨 일이 일어났는가?' '왜 나는 우울한가?'라고 묻는다.

조바심이 난다거나 화가 난다거나 백일몽에 잠긴다거나, 그 밖의 도피적 행동을 할 때도 마찬가지이다. 이러한 예들에서 중요한 것은 이러한 일을 알아차리고, 이러한 일을 합리화하는 무수한 방법이 있더라도 결코 합리화하지 않는 것이다. 더 나아가 자기 자신의 내면의 소리에 귀를 기울이는 것이다. 자기 자신의 내면의 소리는—흔히 오히려 직접적으로—왜 내가 불안하고 우울하고 조바심내는가를 말해줄 것이다.

평범한 사람은 자신의 신체적 상태에 민감하다. 그는 신체의 변화나 약간의 고통도 알아차린다. 이러한 신체적 민감성은 대부분의 사람들이 좋은 신체적 상태를 어떻게 느낄 수 있는가에 대해 의견을 갖고 있으므로, 비교적 쉽게 경험할 수 있다.

자신의 정신적 상태에 대한 동일한 민감성은 훨씬 힘들다. 대부분의 사람들이 가장 바람직한 정신적 활동을 하고 있는 사람을 전혀 알지 못하기 때문이다. 그들은 그들의 어버이와 친척들의 정신적 기능, 또한 그가 태어난 사회 집단의 정신적 기능을 기준으로 생각하고, 그들이 이 사람들과 다르지 않은 한 정상이라고 생각하며, 다른 일을 관찰하려는 흥미를 갖지 못한다. 예컨대 사랑하는 사람, 또는 성실한 사람, 용기 있는 사람, 정신을 집중하고 있는 사람을 한 번도 보지 못한 사람이 많다.

자기 자신에 대해 민감하기 위해서 완전하고 건강한 인간의 기능상機能像을 갖고 있어야 한다는 것은 매우 명백하다. 이러한 상황을 유년 시절 또는 그 후의 생활에서 갖지 못했다면 어떻게 이러한 경험을 할 수 있는가? 이 물음에 대해서는 확실히 단순하게 대답할 수 없지만, 이 문제는 우리 교육제도의 매우 위급한 요인을 지적하고 있다.

우리는 지식을 가르치지만, 인간의 발달에 가장 중요한 가르침, 곧 성숙하고 사랑할 줄 아는 사람이 있다는 것만으로도 주어질 수 있는 충분한 가르침을 상실하고 있다. 우리 문화 이전 시대에는, 또는 중국과 인도에서는, 뛰어난 정신적 능력을 가진 사람이 가장 높이 평가받았다. 선생은 일차적으로 지식의 원천일 뿐 아니라, 그의 기능은 어떤 인간적 태도를 전달하는 데 있었다.

현대 자본주의 사회에서는—또한 러시아의 공산주의에도 해당되지만—찬양과 경쟁심을 환기하는 사람은 뛰어난 정신적 능력을 제외하고는 모든 면을 갖추고 있다. 대중의 안목으로 본다면 이들은 아주 평범한 사람들에게 대상적 만족을 주는 사람들이다. 영화배우, 연예인, 칼럼니스트, 중요 기업이나 정부의 인사들, 이러한 사람들이 경쟁의 모델이다. 이러한 기능을 갖게 된 그들의 자격은 대체로 그들이 뉴스 메이킹에 성공했다는 것이다.

그러나 이러한 상황이 전적으로 절망적인 것 같지는 않다. 알베르트 슈바이처 같은 인물이 미국에서 유명해질 수 있었다는 사실을 생각하면, 현대의 젊은이들에게 인간이 오락을 주는 사람(이 말의 넓은 의미에서)으로서가 아니라 인간으로서 도달할 수 있는 경지가 무엇인가를 보여주는 생활과 역사적 인물에 친숙하게 하는 많은 가능성을 투시한다면, 모든 시대의 위대한 문학 작품과 예술 작품을 생각한다면, 훌륭한 인간적 기능에 대한 비전을 만들어내고 그럼으로써 인간적 기능이 제대로 발휘되지 못하는 것을 감지할 수 있는 기회는 남아 있는 것 같다. 이러한 전통은 본래 어떤 지식을 전수하는 데 바탕을 둔 것이 아니고 인간의 어떤 특성을 전수하는 데 바탕을 두고 있다. 미래의 세대들이 이러한 특성을 알지 못한다면, 5천 년 동안의 문화는, 비록 그 지식은 전달되고 더욱 발달하더라도 좌절될 것이다.

지금까지 나는 어떤 기술의 실용에 필요한 것이 무엇인지를 검토해왔다. 이제 우리는 사랑의 능력 중에서 특히 중요한 성질을 검토할 것이다. 내가 앞에서 말한 사랑의 본성에 따르면, 사랑을 성취하는 중요한 조건은 '자아도취'를 극복하는 것이다. 자아도취적 방향은 자신의 내면에 존재하는 것만을 현실로서 경험하는 방향이다. 반면 외부 세계의 현상은 그 자체로서는 현실성이 없고 오직 이러한 현상이 자아도취적 인간에게 유익한가 위험한가에 따라 경험된다. 자아도취의 반대 극은 객관성이다. 이것은 사람들과 사물을 '있는 그대로' 객관적으로 보는 능력이고, 이러한 객관적 대상을 자신의 욕망과 공포에 의해 형성된 상으로부터 분리할 수 있는 능력이다. 온갖 형태의 정신병은 객관적일 수 없다는 점에서 극단적인 무능을 보여준다.

발광한 사람에게 유일한 현실은 자신의 내면에 존재하는 현실뿐이며 자신의 공포와 욕망의 실재뿐이다. 그는 외부 세계를 그의 내면적 세계의 상징으로, 그의 창조물로 본다. 꿈을 꿀 때는 우리도 마찬가지이다. 꿈속에서 우리는 사건을 만들어내고 우리의 소망과 공포의 표현이(때로는 우리의 통찰과 판단의 표현이기도 하지만) 드라마를 상연한다. 그리고 잠자고 있는 동안 우리는 꿈속의 사물을 우리가 깨어 있을 때 지각하는 현실과 마찬가지로 현실적이라고 확신한다.

발광한 사람이나 몽상가는 외부 세계에 대해 객관적 견해를 갖는 데 '완전히' 실패한다. 그러나 우리 모두는 다소간 정신이상이고 다소간 잠자고 있다. 우리는 모두 세계에 대한 비객관적 견해, 곧 우리의 자아도취적 방향에 의해 왜곡된 견해를 갖고 있다. 내가 예를 들 필요가 있을까? 누구든 자기 자신과 이웃을 살펴보거나 신문을 읽어보면 쉽게 알 수 있는 일이다. 그들의 자아도취적 현실 왜곡은 정도에 따라 다르다.

예를 들면 어떤 여자가 의사에게 전화를 걸어 그날 오후에 병원에 가겠다고 말한다. 의사는 오늘 오후는 시간이 없고 내일은 진찰할 수 있다고 대답한다. 그녀는 "그러나 선생님, 제가 사는 곳에서 병원까지는 5분밖에 안 걸리는데요"라고 대답한다. 그녀는 자신의 집과 병원이 가깝다는 것이 '그의' 시간을 절약해주지는 못한다는 의사의 설명을 이해할 수 없다. 그녀는 이 상황을 자아도취적으로 경험하고 있다. '그녀'가 시간을 절약하므로 '그'도 시간을 절약한다고. 그녀에게는 그녀 자신만이 유일한 현실이다.

대인 관계에서 흔히 볼 수 있는 왜곡은 덜 극단적인—덜 분명한—것이다. 어린이가 스스로 무엇을 느끼는가를 알아차리거나 관심을 갖는 대신에, 어린아이가 어버이에게 순종하고 기쁘게 하고 믿고 따른다는 등의 관점에서 자식의 반응을 경험하는 어버이들이 얼마나 많은가? 어머니에 대한 애착 때문에 어떠한 요구도 자신의 자유를 제한하는 것으로 해석하고 자기 아내를 군림하는 자로 생각하는 남편들이 얼마나 많은가? 자기가 어린 시절에 쌓아올린 빛나는 기사騎士에 대한 환상을 만족시켜주지 못한다고 해서 남편을 무능하고 우둔하다고 생각하는 아내는 얼마나 많은가?

객관성의 결여는, 외국인에 관한 한, 악명이 높다. 어떤 날부터 어떤 날까지, 자기 민족은 모든 면에서 선량하고 고상했으나 다른 민족은 아주 비열하고 잔인했다고 생각한다. 적의 모든 행동과 자기 자신의 모든 행동을 서로 다른 기준에 의거해 판단한다. 적의 선량한 행동에 대해서도 각별한 흉악성의 조짐이라 여기고 우리와 세계를 속이려는 것으로 본다.

한편 우리의 나쁜 행동은 우리의 고상한 목적으로 보아 불가피했다고 정당화된다. 사실상 민족 간의, 또한 개인 간의 관계를 검토해본다면, 객관성은 예외이고 다소간 정도의 차이는 있지만 자아도취적 왜곡이 척도라는 결론에 우리는 도달하게 된다.

객관적으로 생각할 수 있는 능력은 '이성'이다. 이성의 배후에 있는 정서적 태도는 겸손이다. 객관적이라는 것, 곧 자신의 이성을 사용하는 것은 우리가 겸손한 태도를 갖게 되었을 때, 어린아이로서 꿈꾸고 있던 전지전능의 꿈으로부터 벗어났을 때 비로소 가능하다.

사랑의 기술의 실용이라는 관점에서 이 말은 다음과 같은 뜻이다. 곧 사랑은 자아도취의 상대적 결여에 의존하고 있으므로, 사랑은 겸손, 객관성, 이성의 발달을 요구한다. 우리는 이러한 목적에 전 생애를 바쳐야 한다. 겸손과 객관성은 사랑이 그런 것처럼, 불가분의 관계에 있다. 나는 이방인에게 객관적일 수 없는 한, 나의 가족에 대해서도 참으로 객관적일 수 없으며, 역逆도 진眞이다.

사랑의 기술을 배우려고 한다면, 나는 모든 상황에 객관적이기 위해 노력해야 하고 내가 객관성을 잃고 있는 상황에 대해 민감해야 한다. 나는 자아도취적으로 왜곡된 어떤 사람과 그의 행동에 대한 '나의' 상과, 나의 흥미, 욕구, 공포와는 관계없이 존재하는 나의 현실 사이의 차이점을 파악하려고 노력해야 한다.

객관성과 이성을 사용할 수 있는 능력을 획득하면 사랑의 기술을 터득하기 위해 가는 길을 절반은 걸어온 셈이다. 우리는 접촉하는 모든 사람에 대해 객관성과 이성의 능력을 획득해야 한다. 어떤 사람이 사랑하는 사람을 위해 객관성을 유보하려고 하고 그 밖의 세계에 대해서도 객관성 없이 지낼 수 있다고 생각한다면, 그는 어느 경우에나 실패했다는 것을 곧 알게 될 것이다.

사랑의 능력은 자아도취나 어머니나 가족에 대한 근친상간적 애착으로부터 벗어나는 능력에 달려 있다. 사랑의 능력은 성장하는, 곧 세계와 자신에 대한 관계에서 생산적인 지향을 발달시킬 수 있는 능력에 달려 있다. 탈피, 탄생, 각성의 이러한 과정은 필수적 조건으로서 한 가지 성질, 곧 '신앙'을 요구한다. 사랑의 기술의 실용은 신앙의 실천을 요구한다.

신앙은 무엇인가? 신앙은 반드시 신에 대한 믿음이나 종교에 대한 믿음의 문제인가? 신앙은 반드시 이성 및 합리적 사고와 대립되거나 분리된 것인가? 신앙의 문제를 이해하려면 우리는 '합리적 신앙'과 '비합리적 신앙'을 구별할 줄 알아야 한다.

비합리적 신앙이라는 말을 나는 불합리한 권위에 대한 복종을 바탕으로 하는 (어떤 사람 또는 관념에 대한) 믿음이라고 이해한다. 반대로 합리적 신앙은 자기 자신의 사고나 감정상의 경험에 뿌리박고 있는 확신이다. 합리적 신앙은 근본적으로 어떤 것에 대한 믿음이 아니라 우리의 확신이 갖고 있는 확실성과 견고성이다. 신앙은 특별한 믿음이라기보다는 오히려 퍼스낼리티 전체에 고루 퍼져 있는 성격상의 특징이다.

합리적 신앙은 생산적 지성과 정서적 활동에 근원이 있다. 신앙이 끼어들 여지가 없다고 생각되는 합리적 사고에서 합리적 신앙은 중요한 요소이다. 예컨대 과학자는 어떻게 새로운 발견을 하는가? 과학자는 발견하려고 하는 것에 대한 비전도 없이 실험을 거듭하고 사실을 수집하는 것으로 시작하는가?

어떤 분야에서든 참으로 중요한 발견이 이러한 방식으로 이루어진 일은 드물다. 또한 사람들이 단순히 환상을 쫓을 때는 중요한 결론에 도달하지 못한다. 인간이 노력을 기울이는 어떠한 분야에서나 창조적 사고의 과정은 대체로 이른바 '합리적 비전'에 의해 시작되고, '합리적 비전' 자체는 이전의 상당한 연구, 반성적 사고 및 관찰의 소산이다.

과학자가 충분한 자료를 수집하거나 그가 본래 가진 비전에 대한 매우 확실한 수학적 정식화를 완성하는 데 성공할 때, 그는 잠정적 가설에 도달했다고 말할 수 있다. 이 가설에 함축된 바를 가려내기 위한 세밀한 분석과, 이 가설을 지지하는 자료를 축적함으로써 이 가설은 더욱 적합한 것이 되고, 마침내는 더욱 광범한 이론에 흡수되기도 할 것이다.

과학의 역사는 이성과 진리의 비전에 대한 신앙의 예로 가득 차 있다. 코페르니쿠스, 케플러, 갈릴레오, 뉴턴은 모두 이성에 대한 부동의 신앙을 갖고 있었다. 이러한 신앙 때문에 브루노는 화형火刑을 당했고, 스피노자는 파문당했다.

합리적 비전의 잉태로부터 이론의 형성에 이르는 모든 단계에서 '신앙'이 필요하다. 적어도 그 타당성에 대해 일반적 동의에 도달할 때까지는 추구해야 할 합리적이고 타당한 목표로서의 비전에 대한 신앙, 적당하고 그럴듯한 주장에 대한 신앙, 궁극적 이론에 대한 신앙이 필요하다. 이러한 신앙은 자기 자신의 경험과 자기 자신의 사고력, 관찰력, 판단력에 대한 확신에 뿌리박고 있다. 비합리적 신앙은 오직 어떤 권위자나 대다수의 사람이 그와 같이 말하기 '때문에' 어떤 것을 받아들이는 것이지만, 합리적 사고는 대다수 사람들의 의견에도 '불구하고' 자기 자신의 생산적 관찰과 사고에 기초를 둔 독립된 확신에 뿌리박고 있다.

사고와 판단은 합리적 신앙이 나타나는 유일한 경험 영역은 아니다. 인간관계의 영역에서도 신앙은 의의 있는 우정이나 사랑에 불가결한 성질이다. 다른 사람에 대해 '신앙을 갖는다는 것'은 그의 기본적 태도의 불변성, 그의 퍼스낼리티 핵심의 불변성, 그가 가진 사랑의 불변성을 의미한다. 나는 그렇다고 해서 어떤 사람이 의견을 바꿀 수 없다고 말하는 것이 아니라 그의 기본적 동기는 그대로 남아 있다고 말하는 것이다. 예컨대 그의 생명과 인간의 존엄성 존중은 자기 자신의 일부로서 변화할 수 없는 것이다.

같은 의미에서 우리는 우리 자신에 대해 신앙을 갖고 있다. 우리는 변화할 수 없고 여러 가지 환경에도 불구하고, 또한 의견과 감정의 변화와 관계없이 생애를 통해서 지속하는 자아, 곧 우리 퍼스낼리티의 핵심의 존재를 알고 있다. '나'라는 말의 배후에 있는 실재는 바로 이러한 핵심이며, 우리 자신의 동일성에 대한 확신은 이러한 실재에 바탕을 두고 있다. 자아의 지속성에 대해 신앙을 갖지 못하면 동일성에 대한 우리의 감정을 위협받고, 우리는 다른 사람에게 의존하게 되며, 이때는 다른 사람의 찬성이 동일성에 대한 우리 감정의 기초가 된다. 자기 자신에 대한 신앙을 갖고 있는 사람만이 다른 사람에게도 성실할 수 있다. 이러한 사람만이 미래에도 오늘과 같을 것이며, 따라서 그는 지금 기대하는 바와 같이 느끼고 행동할 것으로 확신하는 것이다.

자기 자신에 대한 신앙은 약속할 줄 아는 능력의 조건이고, 니체가 말한 바와 같이 인간은 약속할 줄 아는 능력에 의해 규정될 수 있으므로, 신앙은 인간 실존의 한 조건이다. 사랑과 관련해서 중요한 것은 자기 자신의 사랑에 대한 믿음, 곧 다른 사람에게서 사랑을 불러일으키는 능력과 그 신뢰성에 대한 신앙이다.

사람에 대해 신앙을 갖는다는 것의 또 한 가지 의미는 다른 사람의 가능성에 대한 믿음과 관계된다. 이러한 신앙의 가장 기초적인 형태는 어머니가 갓난아이에 대해 갖는 신앙, 곧 이 아이가 생명을 유지하고 성장하고 걷고 이야기하게 되리라는 믿음이다.

그러나 이러한 면에서 아동의 발달은 매우 규칙적이므로 이러한 발달을 기대하는 데는 신앙이 필요하지 않을 것 같다. 이러한 발달은 발달하지 못할지도 모를 가능성, 곧 어린아이의 사랑하고 행복해지고 이성을 사용하게 될 가능성, 예술적 재능과 같은 더욱 특수한 가능성과는 다르다. 이러한 가능성은 발달에 적합한 조건이 주어진다면, 성장해서 나타나고, 이러한 조건이 없으면 질식될 수도 있다.

이러한 조건 중 가장 중요한 것은 어린아이의 생활에 대해 중요한 인물이 이러한 가능성을 믿어주는 것이다. 이러한 믿음이 있느냐 없느냐에 따라 교육과 조작이 갈라진다. 교육은 아동이 자신의 가능성을 실현하도록 도와준다.[3]

교육과 반대되는 것이 조작이며, 조작은 이러한 가능성의 성장에 대한 믿음의 결여, 그리고 어른이 어린아이에게 바람직하지 못한 것을 억압해야만 비로소 어린아이가 올바르게 되리라는 확신에 바탕을 두고 있다. 로봇에게는 신앙이 필요하지 않다. 로봇에게는 생명이 없기 때문이다.

다른 사람에 대한 신앙은 '인류'에 대한 신앙에서 절정에 이른다. 서양 세계에서 이러한 신앙은 유대 기독교의 종교적 용어로 표현되었고 세속적 언어에 의해서는 지난 150년 동안, 인본주의적인 정치 사회 사상에 강력히 표현되었다.

어린아이에 대한 신앙과 마찬가지로, 이 신앙의 바탕을 이루는 것은, 적절한 조건만 주어지면 인간에게는 평등, 정의, 사랑의 원칙에 의해 지배되는 사회 질서를 수립할 가능성이 있다는 사상이다. 인간은 아직도 이러한 질서를 수립하지 못했고, 따라서 인간이 이러한 질서를 수립할 수 있다는 확신에는 신앙이 필요하다. 그러나 모든 합리적 신앙과 마찬가지로 이 신앙도 소망적 사고(현실적 사고에 근거를 두지 않고 자신의 감정이나 욕구에 바탕을 둔 비현실적 사고를 말하는 정신분석학 용어)가 아니며, 인류의 과거의 성취를 증거로 삼고 각 개인의 내면적 경험, 각 개인의 이성과 사랑의 경험에 바탕을 두고 있다.

비합리적 신앙은 압도적으로 강하고 전지전능하다고 느껴지는 힘에 굴복하고, 또한 자기 자신의 능력과 힘을 포기하는 데 뿌리박고 있지만, 합리적 신앙은 이와는 반대되는 경험에 바탕을 두고 있다. 합리적 신앙은 우리 자신의 관찰과 사고의 소산이기 때문에 우리는 사상을 믿고 있다. 우리는 자신의 가능성의 성장, 자기 자신의 성장이라는 현실, 우리 자신의 이성과 사랑의 능력의 힘을 경험했기 때문에, 또한 어느 정도로 이러한 경험을 했는가에 따라, 다른 사람에 대해, 자기 자신에 대해, 그리고 인류에 대해 신앙을 갖게 된다.

합리적 신앙의 기반은 '생산성'이다. 곧 신앙에 의거해서 산다는 것은 생산적으로 산다는 뜻이다. 여기에서(지배라는 의미에서) 권력에 대한 신앙과 이 권력의 행사는 신앙과 반대된다는 결론이 나온다. 현존하는 힘을 믿는 것은 아직 실현되지 않은 가능성의 성장을 믿지 않는 것과 같다. 현존하는 힘을 믿는 것은 오직 명백한 현재에 바탕을 두고 미래를 예측하는 것에 지나지 않는다.

그러나 이것은 인간의 가능성과 인간의 성장을 간과했다는 점에서는 매우 불합리하고 중대한 오산임이 밝혀진다. 권력에는 합리적 신앙이 없다. 권력에 대한 굴복, 또는 권력을 가진 자가 권력을 유지하려는 소망이 있을 뿐이다. 많은 사람에게는 권력이 모든 것 가운데서 가장 현실적인 것으로 보이지만, 인간의 역사는 인간의 성취 중에서 가장 불안정한 것이 권력임을 입증하고 있다. 신앙과 권력은 상호 배척한다는 사실 때문에, 본래 합리적 신앙을 바탕으로 수립되었던 모든 종교와 정치체제는, 권력에 의지하거나 권력과 결탁할 때 부패하고 마침내 이러한 종교와 정치체제가 갖고 있던 힘을 상실한다.

신앙을 가지려면, '용기', 곧 위험을 무릅쓰는 능력, 고통과 실망조차 받아들이려는 준비가 필요하다. 생활의 일차적 조건으로서 안전과 안정을 추구하는 자는 신앙을 가질 수 없다. 격리와 소유를 자신의 안전책으로 삼는 방어 기구에 칩거하는 자는 누구든 자기 자신을 죄수로 만들게 된다. 사랑받고 사랑하려면 용기, 곧 어떤 가치를 궁극적 관심으로 판단하는—그리고 이러한 가치로 도약하고 이러한 가치에 모든 것을 거는—용기가 필요하다.

이 용기는 유명한 허풍선이 무솔리니가 "위험하게 살라"라는 슬로건을 사용했을 때 말한 용기와는 아주 다르다. 무솔리니가 말하는 용기는 허무주의의 용기이다. 이러한 용기는 삶에 대한 파괴적 태도에, 삶을 사랑할 줄 모르기 때문에 삶을 쉽게 포기하는 데 뿌리박고 있다. 권력에 대한 신앙이 삶에 대한 신앙과 반대되는 것처럼, 절망의 용기는 사랑의 용기에 반대되는 것이다.

신앙과 용기에 대해서 연습이 필요한가? 사실상 신앙은 모든 순간에 연습할 수 있다. 어린아이를 기르는 데도 신앙이 필요하고, 잠드는 데도 신앙이 필요하고, 어떤 일을 시작하는 데도 신앙이 필요하다. 이러한 신앙을 갖지 못한 자는 어린아이에 대한 지나친 근심 때문에, 불면증 때문에 어떤 종류의 생산적인 일도 할 수 없어서 괴로워한다. 또 그는 의심이 많아 누구와도 친밀해지지 못하거나, 우울증을 일으키거나 장기적인 계획을 세우지 못한다.

여론이나 예측하지 못한 몇 가지 사실이 자신의 판단을 무효화하더라도 타인에 대한 자신의 판단을 고수하는 것, 자신의 확신이 인기가 없더라도 자신의 확신을 고수하는 것, 이러한 모든 일에는 신앙과 용기가 필요하다. 곤란과 좌절과 슬픔을 '우리'에게 일어나서는 안 될 부당한 처벌이라기보다는 오히려 우리를 강하게 만들기 위해 극복해야 할 도전으로 받아들이려면 신앙과 용기가 필요하다.

신앙과 용기의 훈련은 일상생활의 사소한 일로부터 시작된다. 첫 단계는 어디서 언제 신앙을 상실하는가에 주목하고, 신앙의 상실을 은폐하는 데 이용되는 합리화를 간파하고, 어디서 우리가 비겁한 태도로 행동하는가, 또한 어떻게 비겁한 행동을 합리화하는가를 인식하는 것이다.

우리는 신앙을 배반하는 경우 언제나 약해지며, 우리가 약해지면 점점 더 새로운 배반을 하게 되고, 이러한 악순환은 계속된다는 것을 인식해야 한다. 그러면 우리는 또한 '사랑받지 못하는 것을 의식적으로 두려워하고 있을 때에도, 비록 대체로 무의식적이기는 하지만 진정한 공포는 사랑하는 것에 대한 공포라는 것'을 깨닫게 될 것이다.

사랑한다는 것은 아무런 보증 없이 자기 자신을 맡기고 우리의 사랑이 사랑을 받는 사람에게서 사랑을 불러일으키리라는 희망에 완전히 몸을 맡기는 것을 뜻한다. 사랑은 신앙의 작용이며, 따라서 신앙을 거의 갖지 못한 자는 거의 사랑하지 못한다.

신앙의 실천에 대해 더 할 말이 있는가? 다른 사람이라면 더 말할 수 있으리라. 내가 시인이나 목사라면 더 말하려고 했을 것이다. 그러나 나는 시인도 목사도 아니므로 신앙의 실천에 대해 말할 수는 없으나 이 문제에 대해 진정한 관심을 갖고 있는 자는 어린아이가 걸음마를 배우듯, 신앙을 갖는 것을 배울 수 있으리라고 확신한다.

지금까지는 함축적으로만 말해왔으나 사랑의 기술을 실천하는 데 불가결한 한 가지 태도, 곧 '활동'에 대해서는 분명하게 검토할 필요가 있다. 활동은 사랑의 실천에 대해 기초적인 것이기 때문이다. 앞에서 나는 활동이라는 말로 '어떤 일을 하고 있는 것'이 아니라 내면적 활동, 곧 자신의 힘의 생산적 이용을 나타낸다고 말하였다.

사랑은 활동이다. 내가 사랑하고 있다면, 나는 그나 그녀만이 아니라 사랑받는 사람에 대해 끊임없이 적극적 관심을 갖는 상태에 놓여 있다. 내가 게으르다면, 내가 끊임없는 각성과 주의와 활동의 상태에 있지 않다면, 나는 사랑받는 사람과 능동적으로 관계할 수 없을 것이기 때문이다. 잠자는 것만이 비활동에 적합한 상태이다. 각성 상태는 게으름이 끼어들 여지가 없는 상태이다.

오늘날 대부분의 사람들이 놓여 있는 역설적 상태는 깨어 있을 때도 반쯤 잠들어 있고, 잠잘 때 또는 잠들고 싶어할 때도 반쯤 깨어 있다는 것이다. 완전히 깨어 있다는 것은 싫증을 느끼지 않기 위한, 또는 싫증 내지 않기 위한 조건이다. 사실상 싫증을 느끼지 않는다는 것, 싫증을 내지 않는다는 것은 사랑의 주요 조건의 하나이다. 내면적인 게으름을 피하기 위해 수용적·축적적 형태로든, 자신의 시간을 단지 낭비하는 상태로든, 하루 종일 자신의 눈과 귀로 느끼고 사고하고 있는 것은 사랑을 실천하는 데 불가결한 조건이다.

사랑의 영역에서는 생산적이고 그 밖의 모든 영역에서는 비생산적이라는 방식으로 우리의 생활을 분리할 수 있다고 믿는 것은 환상이다. 생산성은 이러한 분업을 허용하지 않는다. 사랑의 능력은 긴장, 각성, 고양된 생명력의 상태를 요구한다. 이러한 상태는 여러 가지 다른 생활 분야에서 생산적이고 능동적인 방향을 취할 때만 생길 수 있다. 다른 분야에서 비생산적이라면, 우리는 사랑에서도 생산적일 수 없다.

사랑의 기술에 대한 논의는 이 장에서 설명한 바 있는 특성과 태도를 획득하고 발달시키는 개인적 영역에 국한될 수는 없다. 이러한 논의는 사회적 영역과 불가분의 관계를 갖고 있다. 사랑한다는 것이 모든 사람에 대해 사랑하는 태도를 갖는 것이라면, 사랑이 성격의 특성이라면, 사랑은 자신의 가족이나 친구에 대한 관계에 반드시 있을 뿐 아니라, 일이나 사무나 직업을 통해 접촉하게 되는 사람들과의 관계에도 있어야 한다.

자기 자신에 대한 사랑과 타인에 대한 사랑 사이에 '분업'은 있을 수 없다. 반대로 타인을 사랑하는 것은 자기 자신을 사랑하는 조건이 된다. 이러한 통찰을 진지하게 받아들이면 사실상 자신의 사회관계에서 관습적 변화가 아니라 극적 변화를 겪게 된다. 구두선口頭禪으로는 이웃을 사랑하라는 종교적 이상을 수없이 되풀이하고 있지만, 우리의 관계는 기껏해야 현실적으로는 '공정성'의 원리에 의해 결정되고 있다. 공정성은 상품과 용역의 교환에서, 그리고 감정의 교환에서 사기와 속임수를 쓰지 않는다는 것을 의미한다. 물질적 재화에서나 사랑에서나 '받은 만큼 준다'

는 것이 자본주의 사회의 보편적인 윤리적 격언이다. 공정성 윤리의 발달은 자본주의 사회의 특별한 윤리적 공헌이라고 말할 수도 있으리라.

이러한 사실의 바탕은 자본주의의 성격 자체에 있다. 전前자본주의적 사회에서 재화의 교환은 직접적인 힘이나 전통, 사랑 또는 우정이라는 개인적 유대에 의해 결정되었다.

자본주의에서 모든 일을 결정하는 요인은 시장에서의 교환이다. 상품 시장, 노동 시장, 또는 용역 시장 등 어느 시장에서 거래를 하든, 각자는 폭력을 사용하거나 사기를 치지 않고 시장의 조건에 따라서 자기가 얻고 싶은 것과 팔 수 있는 것을 교환한다.

공정성의 윤리는 '중용'의 윤리와 혼동하기 쉽다. "다른 사람들이 해주었으면 하고 바라는 바를 다른 사람에게 하라"라는 격언은 '다른 사람과의 교환에서 공정하라'는 뜻으로 해석될 수 있다. 그러나 사실 이 격언은 본래 "네 이웃을 네 몸처럼 사랑하라"라는 성경 구절의 좀 더 대중적인 표현이었다. 사실상 유대 기독교의 형제애 규범은 공정성의 윤리와는 전혀 다르다. 유대 기독교의 규범은 네 이웃을 사랑하라, 다시 말하면 이웃에 대해 책임을 느끼고 이웃과 하나가 되라는 것이고, 반면 공정성의 윤리는 책임이나 일체감을 느끼지 말고 멀리 떨어져 있으라는 것이다.

'중용'이 오늘날 가장 인기 있는 종교적 격언이 된 것은 결코 우연이 아니다. 중용은 공정성의 윤리라는 관점에서 해석될 수 있기 때문에 모든 사람이 이해하고 즐겨 실천할 수 있는 종교적 격언이 된 것이다. 그러나 사랑의 실천은 공정성과 사랑의 차이를 인식하는 일로부터 시작되어야 한다.

그러나 여기서 중요한 문제가 제기된다. 만일 우리의 온갖 사회적·경제적 조직이 각자가 각자의 이익을 추구하는 데 바탕을 두고 있다면, 이 조직이 공정성이라는 윤리적 원칙에 의해서만 조절되는 이기주의적 원칙에 의해 지배되고 있다면, 우리는 어떻게 현존하는 사회의 틀 안에서 활동하면서 동시에 사랑을 실천할 수 있는가?

사랑의 실천은 우리의 모든 세속적 관심을 포기하고 가장 가난한 사람들과 함께 생활하는 것을 의미하는가? 이러한 물음은 기독교의 수도사들과 톨스토이, 알베르트 슈바이처, 시몬 베유 같은 인물들에 의해 제기되고 대답되었다.

우리 사회 안에서는 기본적 의미에서 사랑과 정상적인 세속적 생활이 양립할 수 없다는 의견에 동의하는 다른 사람들[4]도 있다. 그들은 오늘날 사랑에 대해 말하는 것은 전반적인 사기에 말려드는 것을 의미할 뿐이라는 결론에 도달한다. 그들은 오직 순교자나 미친 사람만이 오늘날의 세계 안에서 사랑할 수 있고, 따라서 사랑에 대한 온갖 논의는 설교에 지나지 않는다고 주장한다. 매우 존경할 만한 이러한 견해는 쉽게 냉소冷笑를 합리화한다. 사실상 '나는 좋은 기독교도가 되고 싶지만 만일 진지하게 이와 같이 실행한다면 굶어 죽지 않을 수 없으리라'고 생각하는 평범한 사람들은 은연중에 이러한 견해에 동조한다. 이러한 '급진주의'는 도덕적 허무주의가 된다. '급진적 사상가'나 평범한 사람이나 모두 사랑할 줄 모르는 자동 인형이고, 그들의 차이점은 평범한 사람은 이러한 사실을 알지 못하지만 급진적 사상가는 이러한 사실을 알고 있고 이러한 사실의 '역사적 필연성'을 인정하고 있다는 점이다.

사랑과 '정상적' 생활은 절대로 양립할 수 없다는 대답은 추상적 의미에서만 올바르다고 나는 확신한다. 자본주의 사회의 기본적 '원칙'과 사랑의 '원칙'은 양립할 수 없다. 그러나 구체적으로 본 현대 사회는 복잡한 현상이다.

예를 들면 쓸데없는 상품을 파는 세일즈맨은 거짓말을 하지 않으면 경제적 기능을 수행할 수 없었으나 숙련공, 화학자, 의사는 거짓말을 하지 않고도 경제적 기능을 수행할 수 있다. 마찬가지로 농부, 노동자, 교사, 여러 가지 타입의 비즈니스맨은 경제적 기능을 중단하지 않고서도 사랑을 실천하기 위해 노력할 수 있다. 비록 자본주의의 원리는 사랑의 원리와 양립할 수 없다는 걸 인정하더라도, '자본주의'는 그 자체가 상당한 불일치나 개인적 자유를 허용하는 복잡하고 끊임없이 변하는 구조라는 점도 우리는 인정해야 한다.

그러나 이렇게 말하면서 나는 현재의 사회제도가 무한히 계속

되기를 기대할 수 있고, 동시에 형제애라는 이상 실현을 희망할 수 있다고 말하는 것은 아니다. 현재의 체제 밑에서 사랑할 수 있는 사람들은 예외 없이 예외이다.

사랑은 오늘날의 서양 사회에서는 필연적으로 주변적 현상이다. 여러 가지 직업이 사랑하는 태도를 허용하지 않을 뿐만 아니라 생산 중심적이며, 상품에 탐욕스러운 사회의 정신은 이러한 정신에 동조하지 않는 자들만이 이 정신에 맞서서 성공적으로 자기 자신을 방어할 수 있기 때문이다. 따라서 사랑을 인간의 실존 문제에 대한 유일한 합리적 대답으로 보고, 사랑에 진지한 관심을 갖고 있는 사람들은 사랑을 매우 개인주의적인 주변적 현상이 아니라 사회적 현상으로 만들기 위해서는 우리 사회 구조에 중요하고 급진적인 변화가 필요하다는 결론에 도달한다. 이러한 변화의 방향은, 이 책의 범위 내에서는, 오직 암시될 수 있을 뿐이다.[5]

우리 사회는 관리자의 관료 조직에 의해, 직업 정치가에 의해 운영되고 있다. 사람들은 집단적 암시에 의해 동기를 부여받고, 그들의 목표는 더 많이 생산하고 소비하는 것이고 이 자체가 목적이 되고 있다. 모든 활동은 경제적 목적에 종속하고, 수단은 목적이 되었다. 인간은 잘 먹고 잘 입고 있지만 각별히 인간적인 자신의 자질이나 기능에 대해서는 조금도 궁극적 관심을 갖지 못한 자동 인형이다. 인간이 사랑할 줄 알게 되려면 그는 최고의 위치에 놓여야 한다. 인간이 경제적 기구에 이바지하지 않고 경제적 기구가 인간에게 이바지해야 한다. 인간은 기껏해야 이익을 나누어 갖는 데 그치지 말고 경험을 나누고, 일을 나누어 가질 수 있어야 한다.

사회는, 인간의 사회적이고 사랑할 줄 아는 본성이 그의 사회적 존재와 분리되지 않고 일체를 이루는 방식으로 조직되어야 한다. 내가 입증하려고 노력한 바와 같이, 사랑만이 인간의 실존 문제에 대한 건전하고 만족스러운 대답이라면, 상대적으로나마 사랑의 발달을 배제하는 사회는 인간성의 기본적 필연성과 모순을 일으킴으로써 결국 멸망하지 않을 수 없다.

사실상 사랑에 대해 말하는 것은 '설교'가 아니다. 그것은 모든 인간 존재의 궁극적이고 현실적인 욕구에 대해 말하는 것이기 때문이다. 이러한 욕구가 은폐되었다는 것은 이러한 욕구가 존재하지 않는다는 의미가 아니다. 사랑의 본성을 분석하는 것은 오늘날 일반적으로 사랑이 결여되었다는 것을 밝혀내고 이러한 결여 상태에 책임이 있는 사회적 조건을 비판하는 것이다. 개인의 예외적인 현상일 뿐 아니라 사회적 현상으로서의 사랑의 가능성에 대한 신앙을 갖는 것은 인간의 본성 자체에 대한 통찰을 바탕으로 하는 합리적 신앙이다.

미주

2 ○ 사랑의 이론

1 가학성 음란증과 피학대 음란증에 대한 좀 더 자세한 연구는 에리히 프롬의
   《자유로부터의 도피Escape from Freedom》를 참고하라.
2 스피노자,《에티카Ethica》.
3 이러한 성격의 방향을 자세히 검토하려면 에리히 프롬의《자립적 인간Man,
   for Himself》을 참고하라.
4 환희에 대한 스피노자의 정의와 비교해보라.
5 *Nationalökonomie und Philosophie*.
6 I. Babel, *The Collected stories*.
7 이상의 말은 현대 서양 문화에서 심리학의 역할에 대해 중요한 의미를 갖고
   있다. 심리학의 대단한 인기는 분명 인간의 지식에 대한 관심을 나타내지만
   또한 오늘날 인간 관계에서 사랑의 기본적 결핍을 드러내기도 한다. 따라서
   심리학적 지식은 사랑의 행위를 통해 완전한 지식에 한 걸음 다가서는 것이
   아니라 완전한 지식의 대용품이 된다.

8   R. A. Nicholson, *Rumi*.

9   프로이트 자신은 삶과 죽음의 본능에 대한 이후의 개념에서 이 방향으로 한 걸음 전진했다. 종합과 통일의 원리로서 이 사랑의 개념(에로스eros)은 그의 리비도libido 개념과는 전혀 다른 평면에 놓여 있다. 그러나 삶과 죽음의 본능에 대한 이론이 정통 분석가들에 의해 사실상 받아들여졌는데도 이와 같은 수용은, 특히 임상적인 일에 관한 한, 리비도 개념의 근본적 수정에 이르지는 못했다.

10 The Interpersonal Theory of Psychiatry에서 Sullivan이 이러한 발달에 대해 한 설명을 참고하라.

11 Simone Weil, *Gravity and Grace*.

12 동일한 사상은 Hermann Cohen의 *Religion der Vernunft aus den Quellen des Juden-tums*에도 표현되어 있다.

13 폴 틸리히Paul Tillich는 *Pastoral Psychology*지誌 1955년 9월 초의《건전한 사회The Sane Society》에 대한 서평에서 '자기애'라는 애매한 말을 버리고 '자연스러운 자기 주장' 또는 '자연스러운 자기 수용'이라는 말로 대체하는 것이 더 좋다고 제안한 바 있다. 이 제안의 장점을 인정하지만 나는 이 점에서는 그에 동의할 수 없다. '자기애'라는 말에는 자기애의 역설적 요소가 더욱 명백하게 내포되어 있다. 사랑은 나 자신을 포함해서 모든 대상에 표시하는 동일한 태도라는 것—이것이 사실이다. 여기서 사용되고 있는 의미에서 '자기애'라는 말은 역사를 갖고 있다는 점도 잊어서는 안 된다. 성서에서 "네 이웃을 네 몸처럼 사랑하라"고 명령한 것은 자기애에 대해 말하는 것이고, 마이스터 에크하르트도 똑같은 의미로 자기애를 말하고 있다.

14 John Calvin, *Institutes of the Christian Religion*.

15 *Meister Eckhart*.

16 시편詩篇 22장 9절.

17 이것은 특히 서양의 일신론적 종교에 해당된다. 인도의 종교에서 어머니의 모습은 상당한 영향을 남기고 있다. 예컨대 여신 칼리, 불교와 도교에서는 신—또는 여신—의 개념은, 전적으로 제거할 수는 없더라도, 본질적인 중요성은 갖고 있지 못했다.

18 *The Guide for the Perplexed*에서의 부정적 속성에 대한 Maimonides의 개념을 참고하라.

19 아리스토텔레스, 《형이상학》.

20 Lao-tse, *The Tâ Teh King, The Sacred Books of the East*, ed. by F. Max Mueller.

21 Capelle, *Die Vorsokratiker*.

22 위의 책.

23 위의 책.

24 Mueller, 위의 책.

25 위의 책.

26 위의 책.

27 위의 책.

28 위의 책.

29 위의 책.

30 위의 책.

31 H. R. Zimmer, *Philosophies of India*.

32 위의 책.

33 위의 책.

34 위의 책.

35 *Meister Eckhart*.

36 위의 책. 또한 마이모니데스의 부정신학否定神學도 참고하라.

37 *Meister Eckhart*.

3。 현대 서양 사회에서 사랑의 붕괴

1 소외 문제와 현대 사회가 인간의 성격에 미치는 영향을 좀 더 자세히 검토하려면 에리히 프롬의 《건전한 사회The Sane Society》를 참고하라.

2 S. Freud, *Civilization and Its Discontents*.

3 위의 책.

4 위의 책.

5 프로이트 전집.

6 스승으로부터 결코 떠나지 않았으나 만년에 사랑에 대한 견해를 바꾼 프로
   이트의 유일한 제자는 산도르 페렌치Sandor Ferenczi이다. 이 문제에 대한 뛰
   어난 연구로는 Izette de Forest, *The Leaven of love*를 보라.
7 H. S. Sullivan, *The Interpersonal Theory of Psychiatry*. 전청년기前青年期의 갈망
   과 관련해서 설리반이 이러한 정의를 내리기는 했지만, 그는 이러한 갈망은
   전청년기에 나타나는 통합적 경향이며 "이 경향이 완전히 발달되었을 때,
   사랑이라고 불린다"고 말하고 또한 전청년기의 이러한 사랑은 "완전히 성숙
   한, 정신의학적으로 규정된 사랑과 매우 흡사한 것의 시초를 나타내고 있
   다"고 말한다는 점에 주의하라.
8 위의 책. 어떤 사람이 다른 사람의 욕구를 자기 자신의 욕구와 마찬가지로
   중요하다고 느낄 때 사랑이 시작된다고 하는, 설리반의 사랑에 대한 또 하나
   의 정의는 앞에서 말한 공식보다는 시장적 측면의 색채가 덜하다.

4 ∘ 사랑의 실천

1 어떤 기술을 습득하는 데 필요한 정신 집중, 훈련, 인내, 관심에 대해 분명히
   알려면 다음 책을 보라. E. Herrigel, *Zen in the Art of Archery*.
2 동양, 특히 인도 문화에는 이 점에 대해 이미 상당한 이론과 실례가 있으나
   서양에서는 최근에 동일한 목표가 추구되고 있다. 내 의견으로는 가장 중요
   한 것은 긴들러Gindler 학파이고, 이 학파의 목적은 자기 자신의 신체를 이
   해하는 것이다. 긴들러의 방법을 이해하려면 샤롤로테 젤버Charlotte Selver
   의 업적, 뉴욕 스쿨에서 한 강연과 강의를 참고하라.
3 Education(교육)의 어원은 e-ducere로서, 글자 그대로는 잠재적으로 현존하
   는 것을 나타나게 한다, 또는 끌어낸다는 뜻이다.
4 마르쿠제H. Marcuse의 논문 "The Social Implications of Psychoanalytic
   Revisionism"을 참고하라.
5 《건전한 사회The Sane Society》에서 나는 이 문제를 자세히 다루려고 했다.

출간 50주년에 부쳐

에리히 프롬의 삶과 사랑

라이너 풍크

편집자 주 ───────────────────────────────

'사랑의 기술'을 다룬 이 작은 책이 처음 발행된 것은 1956년 가을이니, 2006년 50주년을 맞이했다. 이 책은 34개의 언어로 번역되었고, 판매 부수만 최소 250만 부 이상인 것으로 알려져 있다. 이 책을 처음 출판한 미국의 하퍼 콜린스Harper Collins 출판사와 한국의 문예출판사에서는 《사랑의 기술》 발간 50주년을 기념하면서 프롬의 마지막 조수를 지낸 라이너 풍크박사의 후기를 싣기로 했다. 풍크 박사의 글은 에리히 프롬의 생애를 다루면서 프롬 자신은과연 어떻게 사랑했는지, 자신의 저서에서 이야기하고 있는 것을 얼마나, 그리고 어떻게 실천하면서 살았는지에 초점이 맞춰져 있다.

50년 전에 에리히 프롬이 《사랑의 기술》을 출간했을 때, 그는 '사랑'과 '사랑의 능력'이라는 주제로 책을 쓸 가치가 있다고 생각한 최초의 학자였다. 사랑에 대해서는 종교(이를테면 성경 아가서)와 철학(오비디우스의 《사랑의 기술》), 문학(이를테면 독일 민네장〔중세 독일 궁정에서 불렸던 연애시로 주로 젊은 기사가 용모, 자태, 품성이 뛰어난 귀족부인을 그리워하는 노래가 많다〕이나 낭만주의 작가들의 작품)에서 논해졌다. 심리학 분야에서는 프롬이 《사랑의 기술》로 토론에 불을 붙였고, 그 결과 오늘날 사랑을 주제로 하는 엄청난 규모의 연구와 조언서 시장이 형성되었다.

　한 권의 책 덕분에 폭넓은 토론이 시작된다는 것이 특이한 일은 아니다. 하지만 그런 책들이 저자보다 오래 살아남는 경우는 극히 드물다. 프롬의 《사랑의 기술》은 다르다. 프롬 사후 25년이 넘는 세월이 흘렀지만 그 사이 34개 언어로 번역되어 수백만 부가 팔렸다. 많은—특히 젊은—독자들에게 이 책은 지금도 여전히 발견 그 자체이다. 읽은 지 몇 년이 지난 뒤 책장에서 꺼내 들고 다시 한번 읽는 독자들도 있다.

《사랑의 기술》의 성공담은 이 책의 내용만 가지고는 설명이 되지 않는다. 책을 읽는 동안, 작가와 그의 사랑의 기술과 분명히 관련이 있을 무언가가 많은 사람의 마음을 사로잡는다. 어떤 사람들은 프롬 자신이 어떻게 사랑했는지, 이 책에서 가르치는 것을 스스로도 실천하며 살았는지 궁금해한다. 이 글에서는 그 점을 다루고자 한다.

나는 우선 연로한 프롬과의 대화에서 다른 사람을 비롯해 나에게 어떤 인상이 전달되었는지 말하고 싶다. 가장 인상적인 것은 그가 상대방에게 보이는 관심이었다. 그것은 따뜻하면서도 확고한, 때때로 너무나 강렬하기까지 하던 시선 속에서만 드러난 것은 아니다. 무엇보다 놀라운 점은 그가 상대에 대한 관심을 표현하는 방법이었다.

프롬이 1973년부터 1980년 세상을 뜰 때까지 살았던 로카르노에서 내가 그의 조수로 있었을 때, 그는 내게 아주 간단명료하지만 정확히 정곡을 찌르고 차츰 심도 깊어지는 질문들을 자주 던졌다. 이를테면 그는 지금 내가 어떤 책을 읽고 있고, 어떤 계기로 하필 그 책을 읽게 되었으며, 읽으면서 무엇이 와 닿고 무엇이 그렇지 않은지 물었다. 내가 별 내용이 없다거나 지루하다고 말하면 왜 그런 사소한 것으로 시간을 낭비하는지 알고 싶어 했다. 나 자신에게 실제로 무엇이 중요하고, 무엇이 정말로 마음에 와 닿으며, 무엇을 하며 시간을 보내는 것을 가장 좋아하는지에도 관심을 보였다.

사실 프롬은 상대가 본래는 스스로 자신에게 물어야 했지만 하지 않았던 질문만을 했다. 그런 질문들은 어쩌면 나를 시시하게 보이게 하거나 부끄럽게 했을지도 모르므로 나는 자신에게 그런 질문을 던지지 않았다. 어쩌면 내가 결과를 책임지고 내 삶을 변화시켜야 했을지도 모른다. 또한 답이 없다 해도 질문으로 인정하고 감당해야 하는 질문들도 있다. 이를테면 왜 하필이면 나에게 그런 괴로운 일이 닥치는가 하는 질문. 프롬은 내가 회피하고 억압하고 무시했던 질문들을 던졌다.

프롬과의 사적인 대화에서 소통의 특별한 점은, 프롬이 상대에게 주의를 기울이고 관심을 보이며 그를 대신하여 직접 질문을 던짐으로써 직접성과 친밀성을 형성한다는 사실이었다. 질문은 날카로웠고 상대를 강하게 자극했다. 자신을 변호하려는 주장과 거짓 이유를 계속 댈 경우에는 캐물었다.

그의 질문이 상대에게 상처를 주거나 부정적으로 받아들여지지 않는다는 사실에서는 그와의 대화가 갖는 또 다른 특수성이 드러난다. 그의 질문을 받았을 때 벌거벗겨진 듯한 기분이 들었는지는 모르지만, 결코 망신을 당하거나 비난 또는 비방을 당했다는 생각은 들지 않았다. 그의 시선과 질문은 몹시 예리했으나 그러면서도 호의적인 면이 있었다. 그의 시선과 질문은 《사랑의 기술》에서 말하는 그 '인식'에의 소망을 특징으로 했다. "어떤 사람을 존경하려면 그를 잘 알지 않고서는 불가능하다." 그런 인식은 제기된 질문에 스스로 자신을 내맡겼을 때만 얻을 수 있다.

프롬이 질문으로써 대화 상대에게 보여주었던 관심은 그가 스스로에게 제기했고, 고통스러운 일들을 겪은 후에 힘겨운 학습 과정을 통해 답하려고 시도했던 질문들의 표현이자 결과이다. 표면을 꿰뚫고 들어갈 수 있었던, 진실을 폭로하는 그러한 질문을 제기했을 때 그는 자기가 무슨 말을 하는지(그리고 쓰는지) 잘 알고 있었다. 스스로 질문에 맞서고 의심함으로써 비로소 타인을 '인식'하는 것이 가능하다.

이러한 '인식'에의 소망이 감지되는 질문과 의심에 직면하면 도전받은 기분이 들거나 충격을 받긴 하지만, 비난받았다는 생각이나 수치심은 들지 않는다. 오히려 그러한 질문이 자신의 질문이 될 수 있고, 자신이 인식되었을 뿐만 아니라 동시에 이해받았다고 느끼는 결과를 가져온다. 이것은 《사랑의 기술》을 읽으면서 많은 독자들도 느끼는 점이다. 또한 이것은 프롬의 심리치료 활동의 특수성일 뿐만 아니라 그의 사랑의 능력을 특징짓는

아버지 나프탈리 프롬과
함께 있는 소년 프롬

점이기도 하다.

《사랑의 기술》의 저자에게 그렇게 사랑할 수 있는 능력이 저절로 생겨난 것은 아니었다. 오히려 반대였다. 중년이 한참 지날 때까지 이 책의 다음 구절은 프롬 자신에게도 해당되었다. "사랑처럼 엄청난 희망과 기대 속에서 시작되었다가 반드시 실패로 끝나고 마는 활동이나 사업은 찾아보기 어려울 것이다." 사랑의 능력이 제한되거나 아예 실패할 수밖에 없는 이유는 많다. 모든 사람에게 특히 중요한 것은 어머니와 아버지가 본보기로 보여준 사랑의 성질이다. 이것이 자신이 가진 사랑의 능력의 발전을 촉진하거나 마비시킬 수 있기 때문이다. 그러니 프롬의 유년기와 청년기에 각인되었던 어머니와 아버지의 사랑을 한번 살펴보자.

에리히 프롬은 1900년에 프랑크푸르트 암마인에서 독자로 태어났다. 에리히가 태어났을 때 아버지 나프탈리 프롬은 서른 살이었다. 그의 직업은 대부분의 선조들과는 달리 유대 신학자가 아니라 딸기 와인 상인이었다. 소심하고 핵가족에 매우 속박된 편이었던 그는 직업 때문에 열등감에 시달렸고, 아들이 탈무드 학자의 계보를 잇는 데 모든 희망을 걸었다. 에리히에 대한 사랑은 다정한 애정(열두세 살 난 에리히가 아버지 무릎에 앉아서 찍은 사진이 아주 많다)과 불안한 배려(겨울에는 에리히가 밖에 나갔다가 혹시 감기에라도 걸릴까 봐 집 밖에 나가지 못하게 하는 일이 잦았다)가 혼합된 매우 양가적인 이상화ambivalent idealization의 모습이었다. 이 수재 대학생이 불과 스물둘의 나이에 하이델베르크 대학에서 사회학 박사학위 시험을 치렀을 때 아버지는 아들이 시험에 떨어져 자살할 거라 확신했다.

프롬의 어머니는 그가 태어나던 당시 스물네 살이었다. 그녀는 아버지보다 신앙심이 덜한 집안 출신이었고, 재미있고 붙임성 있으며 가족 내에서 실권을 쥔 여자로 통했다. 그녀는 유일한 자식을 위해 헌신하며 살았다. 어머니가 아들에게 주었던 사

프롬의 어머니 로자 크라우제의
집착하는 모성애가
잘 드러나 있는 사진

랑이 어떤 성질이었는지 많은 것을 알려주는 사진이 두 장 있다.
한 장은 어머니와 아들이 호숫가 공원에서 찍은 것이다(201쪽 사
진). 어머니는 오른손으로 열 살 정도 된 프롬의 어깨를 잡고 품
에 꼭 껴안고 있다. 그러면서 왼팔을 엉덩이에 대고 의기양양한
포즈를 취하고 있다. 여기서 휘어잡고 집착하는 모성애가 잘 드
러나는데, 이러한 사랑은 특히나 독자인 아들이 어머니한테서
벗어나는 것을 쉽지 않게 만들었다.

다른 사진은 어머니가 아들에게 얼마나 감탄하는지 보여준다 (203쪽 사진). 그 사진에서 에리히는 열일곱 살 정도 되었고 아버지만큼 키가 크다. 아버지와 마찬가지로 아들도 당시 시민 계급 남자의 상징이었던 산책용 지팡이와 모자를 손에 들고 있다. 아버지는 카메라를 보고 있고, 아들의 눈은 먼 곳을 향해 있다. 두 사람 사이에 어머니가 서 있다. 그녀는 오른팔로 아들의 팔짱을 끼고 기대로 충만한 시선으로 감탄하면서 아들의 얼굴을 보고 있다. 프롬 자신이 나중에 고백했듯이 어머니는 그가 위대한 예술가이자 학자, 말하자면 제2의 파데레프스키Ignacy Paderewski가 되기를 바랐다. 파데레프스키는 당시 존경받는 작곡가이자 피아니스트 겸 폴란드 정치가였고, 1919년에는 잠깐 동안 수상을 역임하기도 했다.

그런 과도한 이상화는 처음에는 굉장한 자신감과 강한 자의식을 형성한다. 어떤 사람들은 거만하다고도 말하는 30, 40대 때의 프롬의 자신감 있는 태도는 어머니의 자아도취적 사랑이 갖는 이러한 국면에서 유래한다. 하지만 그러한 자기 평가절상은 공짜로 얻어지는 게 아니다. 그것은 감탄하는 주변 사람들과 결부되어 있으며, 자율적이면서 타인과는 무관한 자기 가치의 체험이 아니다. 실제로 프롬은 그를 이상화하고 집착하는 이러한 모성애를 벗어던지려고 오랫동안 투쟁해야 했다.

젊은이의 사랑하는 능력이 일반적으로 어머니와 아버지가 본

아버지 나프탈리 프롬과
함께 있는 소년 프롬

보기로 보여준 사랑에 의해 각인된다 하더라도 부모만이 사랑
하는 능력의 발전을 결정하지는 않는다. 독립·자율에 대한 추구
와 자신의 고유한 사랑의 경험이 출생부터 줄곧 모든 정신적 발
달에 영향을 끼친다. 어른이 되면서 이러한 추구는 다른 사랑의
체험을 가능하게 해주는 파트너를 찾는 것으로 표현된다. 그러
나 이럴 때 부모의 사랑이 장해가 되고 자기발달을 방해하는 작
용을 하면 할수록, 새롭고 대안적인 사랑을 경험하고자 하는 탐

색 끝에 얻은 새로운 관계에서마저 익히 알고 있는 부모와의 관계 패턴이 쉽게 재현되고 만다.

흔히 우리는 수많은 애정관계에서 실패를 겪고 나서야 어머니와 아버지의 정말로 작고 의존하게 만드는 사랑을 무의식적으로 파트너에게서 다시 찾지 않을 마음이 생긴다. 모성애와 부성애로부터의 이러한 뒤늦은 해방 과정은 일반적으로 고통스러운 포기 및 상실의 경험과 연계되어 있다. 부모와의 애착을 포기하는 데 뒤따르는 실망과 고통에도 아랑곳없이 결국 스스로 사랑할 수 있기를 바라는 소망이 지속되는가가 결정적이다. 프롬이 다른 책에서 말하고 있듯이 "문제를 사랑으로 해결하기로 결심한 자는 실망을 견디고 퇴보를 무릅쓰고 끈기를 보일 용기가 필요하기" 때문이다.

프롬의 인생에서 사랑할 수 있기를 바라는 부단한 소망은 몇 번의 실패를 반복하며 중년 후반기까지 나타난다. 그의 사랑 능력을 제한하는 부성애를 프롬은 비교적 쉽게 극복했다. 그는 청소년기에 이미 뵈르네 광장에 있는 프랑크푸르트 유대교회당의 랍비인 네헤미아 노벨에게서 다른 아버지 상, 곧 종교 교육을 받은 아버지 상을 찾았다. 노벨은 어떤 면에서 프롬의 지나치게 소심한 아버지의 반대상이기도 했다. 랍비 노벨의 주변에는 소규모 청년 무리가 모여들었는데, 그중에는 프롬의 죽마고우인 에

른스트 시몬도 있었다. 본래 프롬은 탈무드 학자가 되고 싶어 했다. 폴란드나 발트해 3국으로 탈무드 공부를 하러 갔더라면 프랑크푸르트에 사는 양친과 지리적으로 엄청나게 떨어지게 되었을 것이다. 그러나 프롬은 부모와 그렇게 멀리 떨어지고 싶지 않았다. 그래서 우선 고향인 프랑크푸르트에서 법학을 공부했다.

두 학기가 지난 1919년 여름, 프롬은 용케 프랑크푸르트를 떠나 근처에 있는 하이델베르크 대학에 등록했고, 알프레드 베버 밑에서 사회학 공부를 시작했다. 여기서도 프롬은 대학 공부 외에 종교적 스승을 찾았다. 무엇보다도 랍비 노벨이 이미 1921년에 세상을 떠났기 때문이다. 프롬은 하바드 하시디즘(하시디즘의 지적 유파)에 영향을 받았을 뿐만 아니라 사회주의와 계몽주의적 휴머니즘 사상들도 옹호했던 잘만 바루흐 라빈코브라는 탈무드 학자를 발견했다. 라빈코브는 하이델베르크에서 러시아 이민자들을 가르치는 가정교사로 정착해 있었다. 거의 5년 동안 프롬은 일주일에 몇 번씩 개인 교습을 받으러 라빈코브를 찾아갔고, 그를 위해 비서 업무도 도맡아서 했다. 후에 프롬이 라빈코브만큼 많은 인정과 존중을 담아 얘기한 사람은 없다. 역설적으로 들릴지 몰라도 이 탈무드 학자야말로 프롬이 아버지 종교에서 해방되는 것을 가능하게 하고 동반해준 사람이었다.

물론 내면의 아버지 상에서 벗어나는 데는 또 다른 사람들과 경험들이 필요했다. 프롬의 내면에서 강한 자유의 원동력이 꿈

프리다 프롬-라이히만

틀거리게 한 것은 무엇보다도 지그문트 프로이트의 정신분석의 발견이었고, 그 덕분에 프롬은 1926년에 '그의' 원죄에 의한 타락을 저지를 수 있게 되었다. 유대교의 식사 계명을 어기고 유대인의 부활절인 유월절에 돼지고기를 먹은 것이다. 그는 불안한 부성애의 거부를 유대교 포기와 결부했다. 게오르크 그림George Grimm의 불교에 대한 저작들이 인격신에 대한 믿음을 포기하고 불교와 종교 비판에 몰두하는 데 도움이 되었다.

부성애의 억압적인 내적 상들을 포기하는 것은 고유의 창의력과 사랑의 능력에 매우 유익한 영향을 미칠 수 있다. 그 후 몇 년 동안 프롬은 자유롭게 자기 자신의 사회심리학적 성향을 발전시킬 수 있었다. 그는 사회 유명 인사들의 무의식을 탐구했고,

경제활동과 사회적 공동 생활의 요건들이 인간의 정신 형성에 어느 정도로 관여하는지 알아차렸다. 그는—아도르노보다 훨씬 전인—이미 1930년대 초에 권위주의적 성격에 대한 이론을 완성했다. 그때 프로이트의 충동 이론을 생물적·가부장적 사고의 산물로 비판하고, 그에 맞서 인간을 태어날 때부터 사랑할 능력이 있는 관계의 존재로 보는 독자적 시각을 제시할 수 있었다.

1928~1937년에 이렇게 이론을 새로 정립하지 않았더라면 향후 프롬이 다룬 주제와 논문들이 나오기란 불가능했을 것이다. 자유와 사랑, 공격성과 파괴성에 대한 이해, 심리적 생산성과 정신적 건강에 대한 논문들, 그리고 무엇보다도 그 외의 사회적으로 각인된 성격 정위(定位)에 대한 서술과 분석 말이다. 자신에게 감탄하는 모성애로부터 벗어나려는 프롬의 시도는 더 오랜 시간이 소요됐고 훨씬 고통스러웠다. 프롬은 1922년 죽마고우인 레오 뢰벤탈에게 약혼녀를 빼앗긴 후에, 1923년 정신분석가 교육을 받은 열한 살 연상의 정신과 의사 프리다-라이히만Frieda Reichmann을 알게 되었다. 그는 그녀와 함께 하이델베르크에서 1924년부터 1928년까지 치료실을 운영했다. 뮌히호프 가 15번지에 위치한 작은 요양원의 모든 내방객이 정신분석용 소파에 앉아 프리다 옆에서 성적 억압으로부터 해방되게 하자는 생각이었다. 그러려면 다들 그 집에서 정신분석을 받아야 했고, 에리히 프롬도 마찬가지였다. 그러다가 그는 자신의 정신분석가와

사랑에 빠져 결국 1926년에 치료상의 감정 전이적 사랑으로 프리다와 결혼했다. 둘의 결혼 생활은 1928년에 이미 파국을 맞았지만, 프롬은 인정하려 들지 않았다. 그때까지만 해도 헤어질 수 없어서 단지 거리만 두었다. 1928년부터 프롬은 베를린에서 정신분석가 교육을 받았다. 1930년에 그곳에서 심리치료실을 열었고 프랑크푸르트 사회조사연구소에서 일하기 시작했다.

1931년 프롬은 개방성 결핵에 걸려 스위스 다보스의 요양소에 입원해야 했다. 프리다와 에리히 모두의 친구였던 바덴바덴의 심신의학자 게오르크 그롭데크는 그에게 프리다와 헤어지라고 충고했다. 그녀에게서 벗어나고 싶은 무의식적 소망이 결핵 발병의 바탕에 깔려 있는 원인이었기 때문이다. 이러한 판단이

카렌 호니

헤니 구어란트

프롬과 헤니 구어란트가
함께 찍은 사진

옳았는지 틀렸는지는 확실히 모르지만, 그롭데크의 충고는 적
어도 제3자들이 보기에도 프리다와의 이혼이 불가피했다는 사
실을 알려준다.

　프롬의 발병은 사실상 그가 프리다와 헤어지는 계기가 되었
다. 1934년 4월, 그가 다시 여행할 수 있을 만큼 건강을 회복했
을 때 고향에서는 이미 나치스가 정권을 잡고 있었다. 프랑크푸
르트 사회조사연구소 연구원인 에리히 프롬에게 독일로 귀향한
다는 건 위험천만한 일이었을 것이다. 그는 미국으로 망명할 것
을 결심했다. 미국에서는 열다섯 살 연상의 정신분석가 카렌 호

니Karen Horney와의 우정이 점차 연인 관계로 발전했다. 결코 결혼에 이르지는 못했지만, 둘의 관계는 공동의 전문적 관심을 한참 뛰어넘는 것이었다. 프롬이 뉴욕을 떠나 여행을 갈 때마다 카렌 호니가 동행했다. 두 사람은 수정된 정신분석 이론을 대변했다. 하지만 카렌 호니는 야심만만한 파트너였고, 둘의 관계는 결코 경쟁에서 완전히 자유롭지 못했다.

카렌 호니와의 연애 관계는 1941년까지 지속되었고 격한 다툼 끝에 파국을 맞았는데, 덕분에 함께 해오던 정신분석학회도 분열되고 말았다. 저서 《자유로부터의 도피》덕분에 프롬은 미국에서 인정받는 학자가 되었을 뿐만 아니라 인기 작가이자 연사가 되었다. 프롬은 뉴욕에서 심리치료 업무를 했고, 컬럼비아 대학, 뉴스쿨 대학 사회연구소New School for Social Research에서 교수 활동을 했으며 몇 년간 버몬트 주의 베닝턴 대학에서 학생들을 가르치기도 했다.

카렌 호니와 헤어지고 얼마 지나지 않아 프롬은 동갑인 헤니 구어란트Henny Gurland를 알게 되었다. 그녀는 발터 베냐민과 함께 나치스를 피해 프랑스에서 도망쳐 나왔다가 스페인 국경에서 베냐민의 자살 사건을 겪었다. 프롬은 독일에서 태어난 사진기자 구어란트와 1944년에 결혼했다. 마침내 프롬이 일생의 반려자를 만난 것처럼 보였다. 그는 그녀와 함께 1947년 버몬트의

애니스와 프롬. 애니스는 프롬이 사귀었던 어떤 여자와도 달랐으며 그가 사랑의 이론을 발전시키는 데 큰 영향을 주었다.

베닝턴에 집을 지었다. 두 사람이 새로운 보금자리로 이사를 하자마자 헤니는 원인을 알 수 없는 병으로 몸져누웠다. 처음에는 납중독으로 추측되었고, 얼마 후에는 극심한 관절염이라는 진단이 내려졌다. 프롬은 헤니를 돌보고 혼자 두지 않으려고 모든 일정을 취소했다.

그는 헤니에 대한 사랑으로 1950년 함께 멕시코로 이주했다. 그곳 기후가 통증을 완화해주리라는 생각에서였다. 프롬은 멕시코시티에 새로운 생활 터전을 마련했다. 1951년에는 의사들

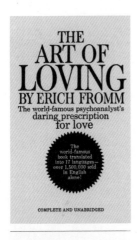

1956년 발행된 이래
《사랑의 기술》은 34개 언어로
번역되어 전 세계에서
읽히고 있다.

을 대상으로 정신분석가 양성 교
육을 시작했고 대학에서 정교수직
을 얻었다. 하지만 헤니의 병은 미
국에서의 강의와 강연 요청에 응하
려던 계획을 모두 수포로 돌아가게
했다. 그녀를 데려갈 수도 없었고,
혼자 놔두려고 하지도 않았다. 그
는 그녀를 위해 뭐든지 다 했고 생
활 전부를 그녀를 보살피는 데 맞
췄다. 그런데도 병세는 호전될 기미
가 보이지 않았고, 상황은 견딜 수
없을 정도로 악화 일로로 치달았다.

1952년 6월, 헤니는 마침내 욕실에서 숨을 거둔 채 발견되었다.

프롬은 사랑을 찾으려는 시도를 끝냈다. 실패와 무력감, 고독
만을 느낄 뿐이었다. 당시 그에게 치료를 받으러 왔던 정신분석
가 후보생들은 실제로 무슨 일이 있었는지 알지 못했지만 프롬
이 완전히 달라졌다고 보고했다. 감탄하는 모성애에 정위되었던
자아상에서 탈피하는 것은 대단히 고통스럽고 힘든 과정이었다.
헤니의 죽음은 프롬에게 자신의 한계와 실패를 인정하지 않을
수 없게 만들었다.

몇 달 후에 프롬은 새로운 사람을 사귈 용기를 되찾았다. 처음으로 미국 여성을 만났는데 바로 앨라배마 출신의 애니스 프리먼Annis Freeman이었다. 애니스는 남편을 세 명이나 잃은 미망인이었다. 마지막 남편과는 인도에서 살았지만, 그가 죽은 후에 미국으로 돌아왔다. 이 여성은 프롬이 그때까지 사귀었던 어떤 여자와도 달랐다. 아주 매력적이고 육감적이었고, 직업적 야망은 없었어도 동등한 대화 상대였다. 프롬은 그녀와 사랑에 빠져 1953년 12월에 결혼했다. 그녀는 그를 따라 멕시코로 이주했다. 두 사람은 그녀의 계획에 따라 케르나바카에 집을 짓고 1956년부터 1973년까지 살았다. 그녀는 그가 몇 달씩 미국에 출장 갈 때 따라갔고 미국 정치 및 군비축소운동, 평화운동과 관련된 그의 활동을 지지했다.

《사랑의 기술》은 1956년에 출판되었다. 프롬은 저서《건전한 사회》를 끝낸 후 1955년 말에서 1956년 초까지 이 책을 집필했다. 프롬이《사랑의 기술》에서 피력한 많은 사상은 그의 전작들에서도 찾아볼 수 있다. 그러나 이 책은 많은 사람에게 특별한 영향을 끼치고 있다. 프롬은 혜니와의 무력한 이별과 애니스에 대한 사랑으로 비로소 어린아이의 애착에서 벗어난 사랑의 능력을 발견했다. 그제야 비로소 그의 사랑하는 능력의 실천이 그의 사랑의 이론과 실제로도 일치할 수 있었다. 그제야 비로소 그가 이 책에서 쓴 내용 그 자신에게도 적용되었다. "조화가 있든, 갈등이 있든, 기쁨이 있든, 슬픔이 있든 이것은 두 사람이 그들의 실존의 본질로부터 그들 자신을 경험하고 그들 자신으로부터 도피하기보다는 그들 자신과 하나가 됨으로써 서로 일체가 된다는 기본적 사실에 대해서는 이차적인 것이다."

프롬은《사랑의 기술》에서 그의 사랑 이론을 상세히 피력했으나, 애니스와 사랑하며 결합되어 있었던 27년 동안 이론을 한층 더 발전시켰다. 프롬은 1930년대에 프로이트의 충동 이론과 결별을 선언한 이래 인간의 핵심 문제가 충동적 욕구의 만족이 아니라 인간의 현실과의 관계에 있다고 보았다.

심리학적 관점에서 인간의 성공에 결정적인 것은 사람이 어떤 식으로 다른 사람들, 자기 자신, 그리고 자신을 둘러싼 현실과 관련되어 있을 수 있는가 하는 점이다. 뇌 연구와 젖먹이 연구를 통해 인간에게는 태어나면서부터 이미 능동적으로 자신의 환경과 관련되어 있는 능력이 있다는 사실이 입증되었다. 이보다 훨씬 이전에 프롬은 (프로이트 이론의 1차적 나르시시즘 대신에) 자기 자신의 것이 아닌 자기에게 낯선 힘들(사람들, 관계 공간들, 낯선 상들)로부터의 내적 독립성이 점점 더 커지게끔 이러한 능동적인 관련성을 형성하려는 인간 내면의 근본적 경향에 대해 말했다. 그는 이러한 종류의 관련성을 '생산적productive'(라틴어의 pro-ducere[앞으로-이끌다]에서 유래했다)이라고 일컬었다. 이것이 인간 고유의 능동성으로부터 '밖으로 이끌어내졌기' 때문이다. 어떤 사람의 삶에서 생산적 정위에의 이러한 일차적 경향이 활동하기 시작하면 그 사람은 자립적으로, 자력으로 생각하고 사랑하고 느끼고 상상하고 행동할 수 있게 된다.

생산적인 사랑에 대한 일차적 경향은 인생 초기의 준거 인물들의 생산적 사랑에 의해 충분히 촉진될 수 있지만, 부모라는 사람들의 이기적이고 불안하고 소유욕 강하고 속박하고 폄훼하고 종속시키는 사랑의 형태로 인해 억제될 수 있으며, 심지어 정반대로 전도될 수도 있다. 프롬은 준거 인물들이 사랑하는 방식에 있어서 항상 관계의 사회적 패턴이 작용한다고 본다. 그가 생각하기에 부모는 특정한 사회가 기능하기에 필요한 것의 대표자인 동시에 중재자이다.

프롬은 고통스럽게도 스스로 자신의 사랑의 능력이 얼마나 많이 억제될 수 있는지를 느끼게 되었다. 하지만 그러한 침해는 결코 사랑의 일차적 경향이 그 반대, 즉 관계를 주로 파괴적인 방식으로 형성하는 경향으로 변화할 정도로 깊이 미치지 않았다. 친척 가운데 상당수가 히틀러의 강제수용소에서 죽임을 당한 경험조차도 생산적인 사랑의 일차적 경향을 의심하게 만들지는 않았다. 그는 파괴성과 파괴하려는 소망이 생산적인 사랑과 이성에의 경향이 무력으로 좌절되면 그때 비로소 발달하는 이차적 경향이라는 주장을 고수했다.

프롬의 사랑의 이론은 《사랑의 기술》이 출간된 후에 두 가지 사건으로 흔들렸다. 1950년대가 지나기 전에 아내 애니스가 유방암에 걸렸다. 그녀는 수술을 받고 식이요법에 들어갔다. 거의 20년간 재발하지 않았는데도 프롬에게 암은 남몰래 삶을 위협하는 역학을 따르는 병으로 인식되었다. 그는 애니스와 함께 암에 맞서 싸웠고 혹독한 식이요법을 함께했다(말이 나온 김에 덧붙이자면 그것은 그의 외모와 건강에 매우 유익했다).

두 번째로 큰 도전은 첨예화하는 냉전이었다. 아마도《사랑의 기술》을 읽고서는 짐작하기 어렵겠지만 프롬은 청년 시절부터 정치적으로 매우 민감하고 열성적인 사람이었다. 정치와 사회에서 벌어지는 일이 프롬에게 매우 실존적으로 다가왔다. 남의 말을 들어주는 심리치료사였던 만큼 그는 정신분석학자로서 정치에 개입하지 않을 수 없었다. 그는 무엇보다도 미국 땅에서 그렇게 했다. 그는 외교 정책, 소련과의 냉전, 핵군비 증강 문제를 분석하는 글을 쓰고, 상원의원들과 개인적으로 친분을 쌓고, 대통령 후보 경선에 관여하고, 베트남 전쟁 반대 시위를 벌이고, 긴장 완화 정책의 대변자가 되었다.

인간의 일차적 사랑의 능력에 대한 그의 믿음을 뒤흔들어놓은 것은 무엇보다도 핵군비 증강이었다. 1960년대 초에 쿠바 사태와 관련하여 핵전쟁이 현실적 위협이 되었다. 이 위험이 프롬을 얼마나 불안하게 했는지는 1962년 9월 29일 클라라 어쿠하트에게 쓴 편지에서 드러난다. "최근의 어느 날 밤, 나는 삶에 대한 사랑에 관해서 일종의 호소문을 썼습니다. 그 호소문은 핵전쟁을 피할 가능성이 거의 없다는 사실을 느끼게 했던 절망적 분위기에서 탄생했습니다. 인류 다수가 삶을 사랑하지 않기 때문에 사람들이 전쟁의 위험에 그토록 수동적이라는 생각이 갑작스레 떠올랐고 그 점을 느꼈습니다. 사람들의 평화에 대한 사랑이나 전쟁에 대한 두려움 대신에 삶에 대한 사랑을 언급하는 것이 더 큰 효과를 보일 수 있을 거라는 생각이 들었습니다."

프롬은 대다수가 더는 핵전쟁의 위험에 저항하지 않았기 때문에 절망을 느꼈다. 그는 이러한 수동성을 삶에 대한 사랑의 고갈로, 개개의 경우에 많은 자살자들에게서도 관찰할 수 있듯이 파괴적이고 생명을 멸하는 역학에 무의식적으로 순응하는 것으로 해석했다. 그런데 점점 더 많은 사람들이 더는 생을 사랑하지 않게 되면, 사랑의 능력의 일차적 경향이 대부분 좌절되면 어떻게 될까? 그러한 양상으로 전개되는 것이 가능하다는 걸 독일계 유대인인 프롬은 알고 있었다. 그는 나치스의 파괴적 체제에서 달아났지만, 강대국들이 벌이는 핵전쟁에서 도피하는 건 불가능했다. 핵전쟁의 오염은 마치 전이하는 암처럼 모든 인류의 생활 공간을 파괴할 것이다.

프롬은 반응하지 않을 수 없었다. 그는 다양한 방식으로 반응했다. 사랑의 능력의 집단적 상실에 대한 첫 번째 저항 반응은 투서와 정치 팸플릿, 공개 기사 및 연설, 또한 친한 상원의원과의 개인적 접촉을 이용해 자신의 말을 경청하게 만들고, 삶에 대한 사랑의 집단적 상실 위험과 일반적인 파괴욕의 강화에 주의를 환기하는 것이었다. 그는 핵전쟁의 위험을 계산하고 미국인 2천만 명의 죽음을 감수할 수 있다고 믿었던 정치가와 학자 들을 비난했다.

프롬에게는 심리학적으로 인간의 사랑의 능력을 탐구하는 것이 중요한 만큼, 알아차릴 만한 유일한 목적이라고는 파괴적인 것밖에 없는 파괴성의 심리적 역학을 알아차리는 것이 대단히 중요해 보였다. 그래서 그는 1960년대 초에 대개는 무의식적인, 파괴성에 대한 이끌림을 조사하기 시작했다. 그는 다양한 종류의 공격성과 파괴성을 구별했는데, 그중에서 가장 위협적인 것은 네크로필리아necrophilia, 즉 생명이 없고 죽은 자와 파괴적인 것에 대한 이끌림(nekros는 시체라는 뜻)이다. 왜냐하면 이러한 형태의 파괴성에 있어서만 파괴적인 것 그 자체가 목적이 되기 때문이다. 사랑의 능력이 사라지거나 그것이 파괴적이고자 하는 강한 욕망으로 변질될 수도 있다는 생각이 10년이 넘는 세월 동안 《사랑의 기술》의 저자를 사로잡았다. 그는 이러한 네크로필리아를 1964년에 저서 《인간의 마음》에서 처음으로 묘사했고, 1973년에는 《인간 파괴성의 해부》라는 저서에서 자신의 연구 결과를 소개했다.

결국 프롬은 앞서 인용한 클라라 어쿠하트에게 보낸 편지에서 암시됐듯이, 인간의 사랑하는 능력을 '바이오필리아biophilia', 즉 삶을 사랑하고 살아 있는 것에 이끌리는 특수한 능력으로 입증하려고 했다. 그는 일반적으로 모든 살아 있는 것의 자체 역동성에 대해 탐구했고, 생명체에게는 생존 추구를 넘어서서 "통합하고 합일하려는 경향"이라는 특징이 있음을 알아차렸다. "합일과 통합된 성장이란 모든 생명 과정의 특징이며, 세포뿐만 아니라 감정과 사고에 대해서도 마찬가지이다."

1967년 미국 잡지 《매콜스McCalls》에 기고한 〈우리가 여전히 삶을 사랑하는가?〉라는 글에서 프롬은 이렇게 썼다. "삶이 본질상 성장 과정이고 완전해지는 과정이며 통제와 폭력 수단으로는 사랑받을 수 없다면, 삶에 대한 사랑은 모든 종류의 사랑의 핵심이다. 사랑은 인간, 동물, 식물 안의 생명에 대한 사랑이다. 삶에 대한 사랑은 추상적인 것과는 아주 거리가 멀고, 모든 종류의 사랑에 포함되어 있는 아주 구체적이고 현실적인 핵심이다. 자기가 다른 사람을 사랑한다고 생각하면서도 삶을 사랑하지 않는 자는 타인을 욕망하고 원하고 집착할 수는 있지만, 그것이 사랑은 아니다."

"누군가 타인에 대해 그가 '정말로 삶을 사랑한다'고 말하면 대부분의 사람은 그게 무슨 뜻인지 이해한다. 그러면 우리는 성장하고 살아 있는 모든 것을 사랑하는 사람을 떠올리고 아이의 성장에, 어른이 되는 것에, 형태를 갖추는 아이디어에, 성장하고 있는 조직에 이끌리는 누군가를 눈앞에 그린다. 그런 사람에게는 돌이나 물처럼 생명이 없는 것조차 살아 있는 존재가 될 것이다. 살아 있는 것이 그를 매료시키는데, 그것이 크고 힘이 있어서가 아니라 살아 있기 때문에 그러하다."

인간의 사랑의 능력에 대한 새로운 근거 제시는 대부분 생물학적으로 치우쳐 있는 여타 사랑 이론들과 재차 구분되는 결과를 낳았다. 생명 세계는 그런 이론들에 대개는 '육체적 욕구를 충족시키는 수단'으로밖에 이용되지 않는다. 하지만 사람은 우선적으로 '자신의 능력을 세상에 대고 표현할' 욕구를 갖는다. 고로 살아 있는 것에 대한 사랑은 사람들에게 있어서 그들이 '관계를 맺고 합일할 수 있는 대상을 열망하는' 것에서 표명된다. 이것이 그가 이미 《사랑의 기술》에서 했던 진술의 근거이다. "성숙하지 못한 사랑은 '그대가 필요하기 때문에 나는 그대를 사랑한다'는 것이지만 성숙한 사랑은 '그대를 사랑하기 때문에 나에게는 그대가 필요하다'는 것이다."

프롬은 성숙한 사랑을 설명하려고 칼 마르크스의 발언에 빗대어 이렇게 썼다. "나는 눈이 있기 때문에 보고 싶은 욕구를 갖는다. 귀가 있기 때문에 듣고 싶은 욕구를 갖는다. 뇌가 있기 때문에 생각하고 싶은 욕구를 갖는다. 그리고 나는 심장이 있기 때문에 느끼고 싶은 욕구를 갖는다. 간단히 말해서 나는 인간이기 때문에 내겐 인간과 세상이 필요하다."

인간의 사랑의 능력은 바이오필리아, 즉 살아 있는 것에 대한 이끌림을 기반으로 했다. 이러한 인식은 프롬 자신의 사랑의 실천에도 영향을 미쳤다. 결정적인 의문은 사람들이 이러한 원천적인 사랑의 욕구를 느낄 수 있는가 여부, 또 어떻게 그것이 가능하며 어떻게 그 욕구를 표현하는가 하는 문제였다. 흔히 파묻히거나 억압된 사랑에 대한 욕구에 접근하는 아주 결정적인 방법은 자기 내면의 장애물을 찾아내는 것이다.

자기인식과 자기분석 문제, 꿈과 성격적 특성 및 증상에서도 인식할 수 있는 무의식적 열망과 심상에 대한 접근 문제는 프롬의 일상생활에서 점점 더 중요한 역할을 하게 되었다. 그는 매일 최고 한 시간씩 시간을 내어 자신이 꾼 꿈을 분석하고, 명상을 했으며, 집중력과 운동 훈련을 실시했다. 이때 스즈키(스즈키 다이세츠: 1870~1966. 근현대 서양에 처음으로 선불교를 알린 불교학자)의 선불교 전파는, 프롬의 생애 마지막에 스리랑카 출신 불교 승려 냐나포니카 마하테라가 가르쳐준 마음 챙김mindfulness 훈련과 마찬가지로 도움이 되어주었다. 하시디즘과 수피즘, 마이스터 에크하르트의 신비주의적 전통은 내면으로 가는 길에서 중요한 자극을 주었다.

프롬이 실행했던 내면으로 가는 길은 내면성과 세속에서 은둔하는 것을 목표로 한 것이 아니라 현실, 타인들, 그리고 자기 자신과의 또 다른 교류, 더욱 창의적이고 이성적이며 사랑을 행하는 교류를 목표로 삼았다. 인간관계에서의 왜곡된 경험에 의해서도 항상 이러한 교류가 규정된다. 바로 그러한 이유 때문에 타인과 사랑하면서 관계를 맺을 수 있으려면 내면으로 가는 길이 필요하다. 내면으로 가는 길을 통해 부모와의 관계뿐만 아니라 그 밖의 관계에서 형성된 장애물이 제거되어야 한다. 프롬에게 중요한 것은 무엇보다도 매일 새롭게 사회적으로 요구되고 찬양되는 그러한 관계의 경험이다.

모든 사회와 사회적 집단은 그들의 자기보존에 최상으로 기여하는 것을 사랑이라 내세우려고 한다. 예컨대 권위주의적 사회는 권위에 대한 사랑과 감사하는 마음을 사랑의 화신으로 본다. 그렇게 할 때만이 지배와 굴종을 바탕으로 세워진 사회제도가 최적으로 기능하기 때문이다. 경쟁과 성공에 기초하는 시장경제는 사랑을 완전히 다르게 이해한다. 시장경제에서 사랑의 능력은 누가 자신에게서 최고를 끌어내는가, 경쟁에서 승리할 수 있는가, 동반자 관계와 관용과 페어플레이 능력이 있는가에 달려 있다. 누구나 '괜찮아야' 하고 자신을 잘 표현할 수 있어야 한다.

프롬에 따르면 특정한 사회에서 매력적으로 여겨지는 것은 대개 사랑의 욕구의 자유로운 표현과는 뭔가 다른 것을 목표로 삼는다. 권위적으로 사랑하는 사람에게는 지배와 자제가 중요하다. 마케팅에 정위된 사람은 호평을 얻고 좋은 인상을 주며 성공을 거두고 싶어한다. 그리고 이러한 식으로 사랑하려고 한다. 하지만 실제로는 사랑하고 싶은 내면의 욕구가 없으며, 사랑의 욕구를 느끼고 표현하는 것을 방해하는 욕구를 가지고 있다. 이처럼 방해하는 욕구를 알아차리려면 사회적으로 기대되고 모범으로 여겨지는 모든 것에 비판적 거리를 둘 필요가 있다. 하지만 사회 비판이 스스로 이데올로기적으로 되는 위험에 빠지지 않으려면 내면을 향한 길을 가고 진지하게 삶에 대한 사랑을 찾아 나서야 한다.

프롬은 자신의 사랑의 능력을 방해하는 내면의 장애물을 알아차리고 극복하는 데 성공하면 할수록 그만큼 사랑하는 능력을 마치 감각적 욕구처럼 실용할 수 있었다. 프롬의 생애 후반기에 가까이 알고 지냈던 사람은 누가 됐건 그가 사랑하는 능력을, 다른 사람들과 사랑하면서 관련되어 있으려는 욕구처럼 느꼈다는 사실을 알아차릴 수 있었다. 사랑을 표현할 수 있는 것이 그에게는 실제로 포기할 수 없는 욕구가 되었고, 그는 가능한 순간마다 그 욕구를 충족시켰다.

1970년대에 로카르노에서 프롬의 조수로 있었을 때 나는 거듭해서 그의 특별한 사랑의 능력을 목격하는 자가 되었다. 그 능력은 그가 대화 중에 상대방에게 다가가는 방법에서 감지할 수 있었다. 이에 대해서는 이미 말머리에서 언급했다. 그러나 그 능력은 무엇보다도 그의 애니스에 대한 사랑에서 목격되었는데, 예컨대 그가 휠체어에 앉아 있는 그녀에게 입 맞추고 그녀와 작별인사를 하고 그녀와 대화하고 그녀를 쳐다보고 쓰다듬을 때 그러했다. 그리고 그의 책《사랑의 기술》을 읽을 때마다 여전히 그 능력을 인지할 수 있다.

라이너 풍크*

라이너 풍크

라이너 풍크는 현재 튀빙겐에서 정신과 개인병원을 운영하면서 심리분석을 하고 있다. 에리히 프롬의 사회심리학 및 윤리학에 관한 논문으로 학위를 취득했다. 프롬의 마지막 조수였으며 프롬의 문헌과 관련된 저작권 및 사후 문헌의 유일한 관리자로서 프롬 전집을 발행하기도 했다.

옮긴이의 말

현대에 이르러 세계 어디서나 가장 처참하게 평가절하되고 있는 것은 '사랑'일 것이다. 우리나라의 경우에도, 해방 후 심한 인플레 현상을 빚으면서도 동시에 가장 값싸게 된 것이 '사랑'이라는 말, '사랑한다'는 일이 아닐까. 사랑의 타락 현상에 대한 경계는 이제 도덕군자의 관심에 그치지 않는다. 모든 사람이 사랑의 고갈을 느끼고 있다. 인간관계에서, 사회관계에서, 지도자와 피지도자의 관계에서, 남편과 아내의 관계에서, 스승과 제자의 관계에서, 어버이와 자식의 관계에서, 연인들 사이에서 '사랑'이 자취를 감추고 '관습'과 '계산'이 대신 들어선 것은 언제부터였을까?

이러한 사랑의 상실을 심각하게 겪으면서 또 하나의 미신이 생겼다. 인간이 사랑할 수 없게 되었다는 것은 신을 상실했기 때문이라는 미신, 사회관계·대인관계의 빈틈없는 조직화 때문이라는 미신, 인간의 본성으로 보아 사랑은 본래 환상이고 허영이었다는 미신 등 사랑의 결핍을 합리화하는 무수한 구실이 횡행하고 있다. 이러한 구실은 인간의 비인간화를 촉진하는 역할도 하고 있다.

그러나 우리는 사랑의 고갈 현상을 야기한 외부적 원인을 인정한다 하더라도, 이에 앞서 우리의 내면에서 사라져버린 것, 우리가 잃어버린 것은 없는지 검토해볼 필요가 있다. 인간을 컴퓨터처럼 정밀한 기계라고 보는 기계론적 인간관이나 인간을 물질의 덩어리로 보는 유물론적 인간관이 우리에게서 파괴해버린 것이 무엇인가를 가려낼 필요가 있다.

과연 인간이 사랑한다는 것은 인간의 환상이고 허영이고 자기기만일까? 이렇게 보면 우리는 지금도 농촌 어느 구석에서 찾아볼 수 있는 티 없이 맑고 희생적이고 순수한 모성애를 설명할 길이 없다. 또한 가끔 신문 기사로 보도되어 우리의 눈시울을 적시는, 자식을 돌보는 정성스러운 어버이의 사랑을 설명할 방법이 없다.

실존철학자나 그 밖의 무수한 철학자, 사상가, 문학자들의 설명을 빌리지 않더라도 인간이 사랑을 핵심으로 하는 존재임은 우리의 근본적 경험에 속한다. 우리가 사랑하려고 하지 않거나 사랑할 줄 모르기 때문에 사랑이라는 인간의 근본적 존재 방식의 하나를 회피하려고 하지 않는 한, 사랑을 떠나서는 우리가 예부터 가꾸어온 인간의 본성에 대한 생각이 성립될 수 없다는 점을 부인하지는 못할 것이다.

프롬이 지적하고 있듯이 현대 사회가 시장의 교환 원칙에 지배받고 있고, 따라서 인간의 가치도 결국 경제적 교환 가치에 지나지 않게 되었다는 것은 사실이다. 사람이 사람으로서 평가받지 못하고 그 사람의 이용 가치에 따라 평가되는 현실은 우리 주변 어디서나 볼 수 있다. 지혜도 '돈'으로 환산되고 아름다움도 '돈'으로 환산되고 정의도 '돈'으로 사고팔 수 있고, 더구나 '사랑' 따위는 이제 감각적 쾌락 내지는 매음賣淫으로 전락해버린 현실은 개탄의 영역을 넘어서 있지 않은가.

단적으로 이것이 인간의 사랑을 고갈시킨 외부적 원인이라 하더라도, 이것이 사랑의 알리바이는 되지 못한다. "나는 반항한다, 그러므로 존재한다"라는 카뮈의 말을 빌리지 않더라도, 또 "자유는 지옥"이라고 한 사르트르의 말을 음미하지 않더라도, 우리는 사랑의 알리바이를 전적으로 외부적 원인에서만 구할 수는 없다. 적어도 인간이 반항하는 존재, 자유로운 존재, 자기를 회복할 수 있는 존재라는 점까지도 옛이야기가 되지는 않았고 또한 그렇게 되어서도 안 되기 때문이다. 우리는 자신의 참된 자아—이것을 실존이라고 부르든, 또 다른 말로 부르든, 용어나 개념에는 개의치 말자—의 상실에서 사랑의 능력을 상실한 내재적 원인을 밝혀내야 할 것이다.

프롬은 개인의 무의식층까지 파고들어가 사랑의 능력을 상실한 이유를 밝혀낸다. 그는 인간이 참된 자아를 상실한 것이 사랑을 상실한 원인이라고 진단한다.

그러나 이러한 자아의 상실, 즉 사랑하는 능력의 상실을 극복하기 위해서는 이제 형이상학적 천착이나 종교적 설교, 도덕적 교훈만으로는 불충분하다. 나 자신, 타인, 인류에 대한 신뢰를 회복하고 모든 인간을 사랑하라고 아무리 외쳐도, 또 모든 사람이 이러한 외침에 진심으로 공감한다 하더라도, 그것만으로 사랑의 부재 현상이 극복되지는 않는다. 사랑이 없는 인간관계의 황량함, 사랑이 결핍된 사회의 처참함, 진정한 사랑이 없는 부부 관계의 의례성 등은 누구나 절감하고 있다. 또한 사랑의 회복이 긴급하고 긴요하다는 것도 정도의 차이는 있으나 모두 느끼고 있다.

그러나 사랑하려고 해도 안 된다. 사랑하려고 하면 할수록 사랑에 실패하고 점점 더 다른 사람들로부터 분리되고, 점점 더 고립되고, 점점 더 뼈저린 고독을 느끼게 된다. 마침내 사랑하려는 노력의 실패는 사람에 대한 공포를 일으키고 자기 자신의 무능력을 은폐하기 위한 합리화에 급급하게 만든다. 분리 상태에서의 불안과 고독이 두려우면서도 이 상태를 벗어날 길이 없다.

여기서 이제 사랑은 자연적인 일이 아니라 기술적 문제가 된다. 사랑은 하느님이 준 능력이므로 우리가 느끼는 대로 행동하면 사랑을 실천할 수 있다는 안이한 대답을 하기에는 현대 사회와 인간은 너무나 복잡하고 교묘하다. 그러므로 이제 사랑을 회복하는 데는 절실하게 기술이 필요해졌다. 우리가 사랑하려고 애쓰면서도, 참으로 나를 주는 사랑을 하고 싶으면서도 이러한 사랑에 실패하는 원인은 기술의 미숙성에 있다.

이 점을 날카롭게 파헤치고 사랑의 기술을 정신분석학적 입장에서 밝혀놓은 것이 바로 프롬의 《사랑의 기술》이다. 프롬이 제시한 분석과 기술을 상세히 말하는 것은 피하기로 하거니와, 적어도 사랑을 천부적인 능력으로 보지 않고 훈련과 인내와 습득이 필요한 능력으로 보았다는 점에서 그의 이론은 현대성을 갖는다. 맹목적인 사랑, 다시 말하면 사랑의 본성을 자각하지 못하고 사랑의 기술에 숙달되지 못한 사랑은 오히려 인간에게 위험하다고 하는 경고에 이르면 우리는 숙연히 우리 자신의 사랑의 역경을 뒤돌아보게 된다.

프롬이 제시하는 이론이 반드시 옳다거나 프롬이 제시하는 기술이 반드시 최선이라고 할 수는 없다. 다만 프롬이 보여주는 사랑의 실상과 기술이 우리에게 사랑의 문제를 구체적으로—추상적이 아니라—생각할 계기를 마련해준다는 점에서 매우 탁월하다는 것만으로도 이 책이 널리 읽히는 이유를 짐작할 수 있다. 이 책에는 사랑에 대한 이론이나 사랑을 실천하는 기술만이 아니라, 비록 단편적이기는 하지만 현대 문명과 현대 사회에 대한 비판도 있고 바람직한 사회에 대한 소묘도 있다.

프롬은 1900년 독일 프랑크푸르트에서 출생했으며, 하이델베르크, 뮌헨, 프랑크푸르트 등 여러 대학에서 심리학과 사회학을 배웠다. 그는 1929년부터 1932년까지 프랑크푸르트 대학 정신분석연구소의 강사로 일했고 이 대학의 사회조사연구소 연구원을 겸임했다. 나치의 사상 통제가 강화되자, 연구소는 파리로 옮겼는데, 프롬은 1933년 미국 시카고의 정신분석연구소의 강사로 초빙되어 도미했고 미국 국적을 얻었다.

1939년까지는 컬럼비아 대학 국제사회연구소의 멤버로 일했으나 그 후 몇 개의 정신의학 관계 연구소를 거쳐서 멕시코 국립대학 교수로 근무했다. 1957년 이후로는 미시간 주립대학 교수로 일했다. 그는 D. 리스먼 등과 함께 군사력이 없는 평화로운 세계를 실현하기 위해 조직적 활동을 하면서 정력적인 문필 활동을 벌이기도 했다.

《사랑의 기술》 외에도 다음과 같은 저서가 있다.

《자유로부터의 도피Escape from Freedom》, 1941.

《자립적 인간Man for Himself》, 1947.

《정신분석과 종교Psychoanalysis and Religion》, 1950.

《잊어버린 언어The forgotten Language》, 1950.

《건전한 사회The Sane Society》, 1955.

옮긴이 황문수

고려대학교 문리대 철학과와 동 대학원을 졸업했으며
고려대, 한양대 강사를 역임하고 경희대학교 문리대 철학과 교수를 지냈다.
저서로 《실존과 이성》, 《동학운동의 이해》 등이 있고,
역서로는 플라톤 《소크라테스의 변명》, 《향연》,
윌 듀랜트 《철학이야기》, 카를 야스퍼스 《이성과 실존》,
윌리엄 드레이 《역사철학》, 프리츠 파펜하임 《현대인의 소외》,
니체 《차라투스트라는 이렇게 말했다》, 에리히 프롬 《인간의 마음》 등이 있다.

사랑의 기술®

1판 1쇄 발행 1976년 6월 20일
5판 20쇄 발행 2024년 10월 1일

지은이 에리히 프롬 │ 옮긴이 황문수
펴낸곳 (주)문예출판사 │ 펴낸이 전준배
출판등록 2004. 02. 11. 제 2013-000357호 (1966. 12. 2. 제 1-134호)
주소 04001 서울시 마포구 월드컵북로 21
전화 393-5681 │ 팩스 393-5685
홈페이지 www.moonye.com │ 블로그 blog.naver.com/imoonye
페이스북 www.facebook.com/moonyepublishing │ 이메일 info@moonye.com

ISBN 978-89-310-1162-3 03180

• 잘못 만든 책은 구입하신 서점에서 바꿔드립니다.

☙문예출판사® 상표등록 제 40-0833187호, 제 41-0200044호